DAS ZWEITE BUCH OTTO

von und mit Otto Waalkes

RASCH UND RÖHRING VERLAG

Das Zweite Buch Otto

Herausgegeben von
Bernd Eilert, Robert Gernhardt und Peter Knorr
Texte von Otto Waalkes, Bernd Eilert, Robert Gernhardt und Peter Knorr
Zeichnungen von Otto Waalkes
Gestaltung: Hanno Rink
Umschlag: Rita Mühlbauer, Hanno Rink und Otto Waalkes
Fotos: Hans W. Saalfeld u. a.

Hallo liebe Tierfreunde!
Herzlich willkommen in meinem großen Elefantenbuch!
Auf den nächsten 200 Seiten werde ich Euch eine neue
Wunderwelt eröffnen: die Wunderwelt meines
Dichtens und Denkens, Lebens und Liebens, Wissens
und Wühlens, Staunens und Stampfens, Träumens und
Trompetens, Duldens und Duschens, Preisens und Puschens....
äh..Pustens.. ach Pustekuchen! Es wird mal wieder nichts
aus unserem gemeinsamen Ausflug! Schaut mal unauffällig
nach rechts: Ich fürchte, der Wälzer hier wird doch wieder
nur ein Otto-Buch. Aber fürchtet Euch nicht: Ich bleibe
bei Euch
Ohren steif halten!!

Meine Damen und Herren, Sie
werden jetzt Zeuge eines einzig-
artigen Experiments. Kraft der
Macht meines Willens, die so
stark ist, daß sie auch ohne meine
leibhaftige Gegenwart wirkt, werde ich Sie jetzt hypnotisieren.
Als erstes befehle ich Ihnen um-
zublättern.

Sie haben umgeblättert? Gut. Und nun konzentrieren Sie sich bitte auf meine Augen. Vergessen Sie Ihre Umwelt! Schauen Sie mich ganz konzentriert an!

Und nun glauben Sie, ein Kaninchen zu sein. Ja! Sie sind ein Kaninchen… ein Kaninchen… ein Kaninchen…

Moment mal! Wer hypnotisiert hier eigentlich wen? Ich Sie immer noch…

...und nicht Sie mich! Verstanden?!

Na also!

Und die hier kommen auch noch weg – klar?

Hosenkauf ist Vertrauenssache.
Und dies ist die Hose Ihres Vertrauens.

Meine Hose ® Die mit der Garantie

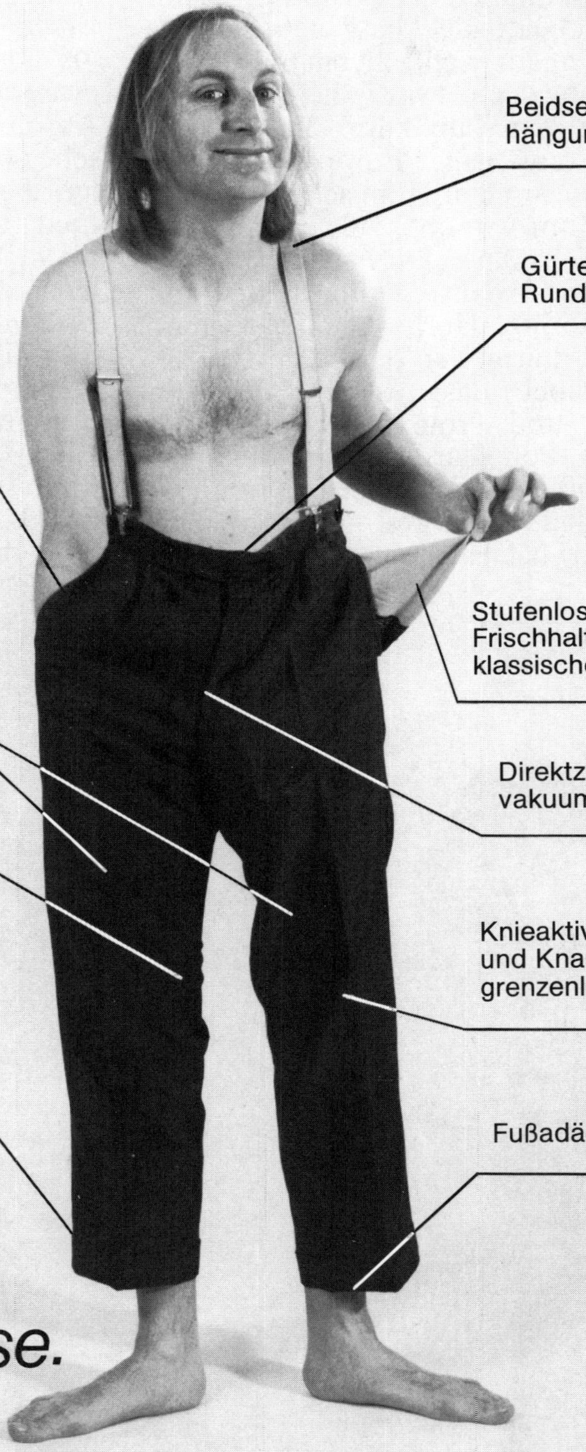

Beidseitige Sicherheitsauf-
hängung, vollelastisch

Handsympathisches
Tiefwärmfach
mit einblicksicherem
Do-it-your-self-Spielraum

Gürtelloser
Rundum-Baucheinlaß

Doppelt integriertes
Röhrensystem aus
natürlichem Kunststoff

Stufenlos ausfahrbare
Frischhalte-Boxen in der
klassischen Beutelform

Natogeteste
nahtlose Naturnaht

Direktzugang zum
vakuumversiegelten Laderaum

Großzügig dimensionierte
Material-Reserve
im aktuellen Krempel-Look

Knieaktive kombinierte Beul-
und Knautschzone für
grenzenlose Beugefreiheit

Fußadäquates Double-Loch

Verlangen Sie nicht irgendeine Hose.

Verlangen Sie *Meine Hose* ®

® Denn die kriegen Sie mit Garantie nicht.

Ja, hier ist wieder Harry Hirsch, ich melde mich diesmal aus dem Palais dü Schmäh im belgischen Seebad Knäcke. Hier hat mich der Grand Schmäh d'Eurovision gerade in meine entscheidende Phase getreten, die Punkte laufen ein, vielleicht hat man sie im Vorwaschgang doch etwas zu heiß gebadet – aber welch ein Publikum! Es hat die 24 Schlager aus ganz Europa vollzählig überlebt, sogar den finnischen Beitrag „Nukki wumm wumm", zu deutsch „Der Dampfnuckel". Auch gut im Rennen: Die buchtenreiche Norwegerin Igitte mit „Höring, Höring, Höring", einer kleinen Liebeserklärung an den Barsch.

Erstmals dabei: das russische Pop-Trio Propototow und Protopopow, die leider ohne ihren Politgitarristen Prolototopow antreten mußten. Trotzdem gab es freundlichen Reinfall für ihren Steppen-Step „O baby baby balalaika".

Stark zu verachten auch England, das diesmal durch Peter and the Puffies betreten war und ihren fetzigen Rocktrott „Bangbang your bongbong im my bingbing, Mary Lou". Ebenfalls sehr shitverdächtig: „Los Dilettantos" aus Spanien und ihr Flamingo „La Chucharaca" – Die Kuckucksuhr.

Absolut chancenfrei dagegen: das türkische Grüppchen „Düüp Pürpül". Sie zertraten die Neue Türkische Welle mit ihrem Lied „Dü lübst müch nücht, üch lüb düch nücht, dü dü dü."

Doch da da da fällt die Entscheidung – und zwar voll auf Nicole, den Star von der Saar, Sieg für Deutschland! Sieg, Sieg, Sie… kriegt den Mund nicht zu … Sie hält die Hand nicht still …

Alle Mann in Deckung – Lied von vorn!
Ein bißchen Sonne, ein bißchen Frieda und das im Freien und immer wieder …
Singt mit mir dies kleine Lied,
das der Welt die Schuh auszieht!

VOR DEM AUFTRITT IN DER GARDEROBE

Mein Auftritt! In zwei Minuten muß ich raus. Aber erstmal muß ich rein. In meine Hose. Sie sitzt. Ich stehe. Es gibt keine Gerechtigkeit auf der Welt.

Wie sehe ich überhaupt aus? Ich frage den Spiegel: „Spieglein, Spieglein an der Wand, wer ist der Schönste im ganzen Land?" Er antwortet wie immer: „Herr Waalkes, Sie sind der Schönste hier – aber lassen Sie bloß keinen anderen in die Garderobe."

Noch eine Minute! Langsam werde ich nervös. Wieso geht das nicht schneller?

Mein ganzes Leben zieht in mir vorüber: Vor allem die drei schlimmsten Jahre meiner Schulzeit – die erste Klasse.

Und dann meine erste Liebe. Er hieß Max. Angeblich war er ein Goldhamster. Ach, er hat mich betrogen! Wie oft habe ich ihm beide Backentaschen durchgewühlt – und nie war Gold darin.

Dann mein erster Auftritt. Der ganze Saal pfiff und buhte. Nur eine einzige ältere Dame rief unentwegt: „Gebt ihm doch eine Chance!" Aber niemand hörte auf meine Mutter.

Aber dann kam der schönste Tag in meinem Leben: Meine Eltern schenkten mir einen Fernseher. Ich saß den ganzen Tag vor dem Apparat. Meine Eltern saßen dahinter. Nur um mich nicht sehen zu müssen.

Meine Eltern! Nach einigen Jahren haben sie mir sogar erklärt, wie man den Fernseher anstellt.

Ja, das Fernsehen! Am liebsten habe ich Wildwest-Filme. Besonders die Wetterkarte. Schade, daß sie da immer nur die Pfeile zeigen. Und nie die Indianer.

Ich stand auch immer auf dem Kriegsfuß. Vor allem mit das Grammatik.

Trotzdem war ich sehr beliebt. Alle wollten immer mit mir Fußball spielen. Weil sie keinen Ball dabei hatten.

Ja, ich war ein sehr bescheidenes Kind. Das habe ich schriftlich, in meinem Abschluß-zeugnis steht: „Seine Leistungen in allen Fächern waren äußerst bescheiden.“

Nur in Religion war ich gut. Beim Krippen-spiel durfte ich deshalb immer den Esel spielen. Wochenlang habe ich geübt und geübt: „I-A! I-A! I-A!“ Und dann ist mir bei der Aufführung doch wieder ein winziger Fehler unterlaufen. Ich war einfach zu auf-geregt: „Ai! Ai! Ai!“ habe ich die ganze Zeit geschrien.

Dann war ich bei den Wandervögeln. Aber die haben sich bald getrennt. Der eine Teil wollte nur noch wandern – und der ande-re… Ach, ich konnte mich einfach nicht entscheiden.

Doch, ich hatte viele Talente. Ich konnte zum Beispiel auf den Händen gehen. Aber die Leute haben mich ja nicht gelassen. Sie haben ihre Hände immer weggezogen, wenn ich draufsteigen wollte.

15

Ich konnte auch gut kochen. Berühmt war meine Schlagsahne: Ein Schlag – und ich sah 'ne ganze Menge Sterne.

Nicht ganz so berühmt waren meine Wortspiele. Aber die kennen Sie ja.

Dafür konnte ich gut riechen. Warum habe ich mich nur so selten gewaschen? Kein Zeit, kein Zeit.

Auch heute habe ich mir wieder nicht die Hände gewaschen. Na, dann kann ich beim Klavierspielen eben nur die schwarzen Tasten benutzen.

Oje, vor fünf Minuten war mein Auftritt. Und nun habe ich auch noch Hunger. Früher hat mir meine Mutter immer ein Toastbrot mitgegeben. Aber inzwischen hat sie wohl das Rezept verloren.

Jetzt lohnt es sich sowieso nicht mehr, auf die Bühne zu gehen. Muß ich den Witz eben Ihnen erzählen. Er handelt davon, wie die Ostfriesen gegen die Bayern Fußball spielen. Das ist ganz interessant. Das Spiel beginnt, und da kommt ein Zug vorbei, und der pfeift. Und die Ostfriesen denken, das Spiel ist zu Ende und gehen nach Hause. Nach einer halben Stunde fällt das erste Tor für die Bayern...

16

Chefarzt Dr. Dauerbruch:
Mein schmutzigster Fall

Meine Damen und Herren, ich bitte um Ruhe im Operationssaal! Vor mir liegt mein schwerster Fall. Was fehlt ihm überhaupt?

Aha! Herabgesetzte Saugfähigkeit, Beschwerden bei der Staubaufnahme, unzufriedenes Brummen bei der Arbeit.

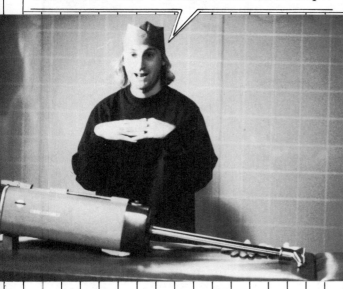
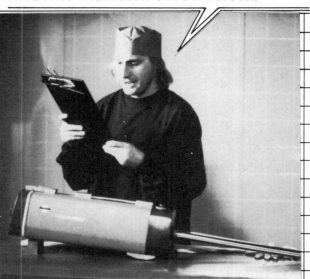

Brummen Sie bitte mal.

Oh, oh, oh, das hört sich ja böse an.

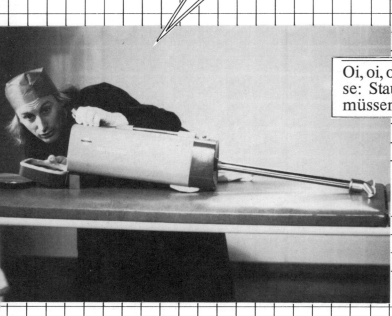

Tja, da müssen wir wohl aufmachen und nachschauen.

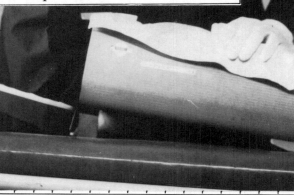

Oi, oi, oi, das fühlt sich aber übel an! Diagnose: Staubgerinnsel und Staubstopfen. Wir müssen sofort operieren!

Das hatte ich befürchtet: Totale Sackverschmutzung! Dagegen hilft nur eins: sofortige Sacktransplantation.

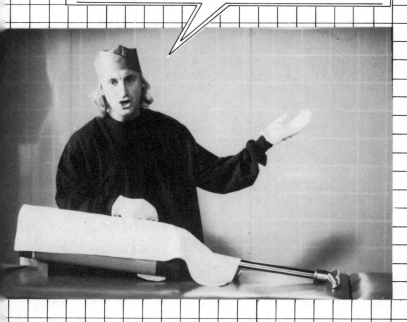

Schwester! Zange! Schlüpfer..äh..Tupfer! Ach, ich habe ja gar keine Schwester – ich bin ja ein Einzelkind.

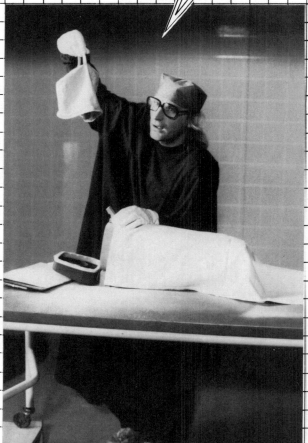

führe nun den Neusack ein. Wird der ganismus ihn annehmen?

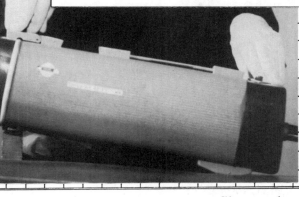

Was ärztliche Kunst vermag, habe ich getan. Jetzt kann nur noch Derdaoben helfen. Ich drücke den Brummknopf.. und.. und..?

Ja? Ja? Jaaaa…!

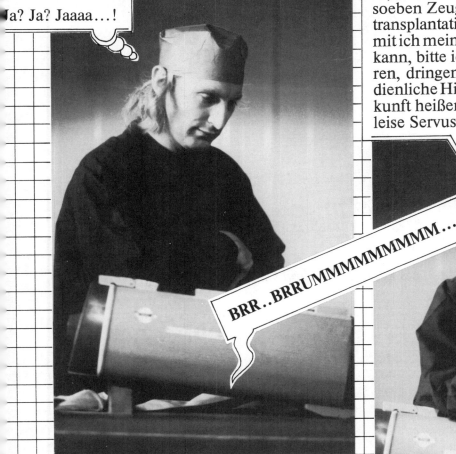

BRR..BRRUMMMMMMMM…

Ja, meine Damen und Herren, Sie wurden soeben Zeuge der ersten gelungenen Sacktransplantation auf friesischem Boden. Damit ich mein segensreiches Werk fortführen kann, bitte ich Sie, meine Damen und Herren, dringend um Sackspenden oder sackdienliche Hinweise. Es soll doch auch in Zukunft heißen können: Sack beim Abschied leise Servus! Oder?

EINE EBENSO WAHRE WIE SCHÖNE GESCHICHTE
VON DER HERZENSGÜTE UND EDLEN HILFSBEREITSCHAFT
UNSERER ORDNUNGSHÜTER, DIE DAMIT BEGINNT,
DASS EIN VERZWEIFELTER BÜRGER EIN POLIZEIREVIER BETRITT UND MIT MATTER STIMME SAGT:

Oh, entschuldigen Sie, Herr Wachtmeister!

Ja? Was kann ich Schönes für Sie tun?

Ach, es ist wegen meiner Frau.

Grundgütiger! Ihr wird doch
um Himmelswillen nichts zugestoßen sein?

Nein, aber sie ist weg.

Da möchte ich Ihnen herzlich empfehlen,
eine Vermißtenanzeige aufzugeben.

Danke. Das will ich gerne tun.

Gut. Ich spanne flugs ein blütenweißes Blatt Papier in meine Schreibmaschine, und Sie sind so freundlich, mir eine Personenbeschreibung zu geben.

Sehen Sie, sie ist schön, meine Frau. Schön ist sie. Ihr Haar ist wie eine Herde Ziegen, die gelagert ist am Berge Gilead hinab.

Gilead hinab… ja das habe ich.

Ihre Augen sind wie Taubenaugen, ihre Lippen sind wie eine scharlachfarbene Schnur…

…scharlachfarbene Schnur.

Ihre Wangen sind wie der Ritz am Granatapfel…

… Granatapfel, wie schön! Und Ihre Zähne? Was schreiben wir da? Wie eine Herde Schafe, die von der Weide kommen? Die allzumal Zwillinge haben, und es fehlt keines unter ihnen?

Das haben Sie ebenso richtig wie schön gesagt, Herr Wachtmeister. Und ihr Hals ist wie der Turm Davids…

Und die Figur?

Ihre Gestalt? Nun, ihre Brüste sind wie, naja, wie wohlgeformte Früchte, oder…

…wie zwei junge Rehzwillinge, die unter den Rosen weiden?

Ja, genau. Das trifft es.

20

Aha. Und wie sagten Sie, sind ihre Augen? Wie die Teiche zu Hesbon?

Jaaa! Und ihr Haar ist wie der Purpur des Königs in Falten gebunden, und ihre Lenden stehen aneinander wie zwei Spangen, die des Meisters Hand gemacht...

...handgemacht. Sehr gut. Und wie heißt Ihre Frau?

Ihr Name ist wie ausgegossene Salbe. Ihr Name ist wie der Hauch des Windes, ist Silberklang und schön wie der Mond, auserwählt wie die Sonne. Oh, kehre wieder, o Sulamith, kehre wieder!

Sulamith. Aha. Und wie heißen Sie?

Dödel. Dietrich Dödel.

Auch ein schöner Name. Doch, Herr Dödel. Und nun machen Sie sich mal keine Sorgen, wir tun unser Bestes.

Werden Sie sie suchen? Meine Frau? Meine Taube, deren Liebe lieblicher ist als der Wein?

Aber Herr Dödel, eher sollen die tausendjährigen Türme zu Gideon zerfallen, eher soll am Weinstock Myrrhe gedeihen und die Brunnen der lieblichen Gärten versiegen, als daß wir uns nicht sofort auf die Suche machten!

Tausend Dank, Herr Wachtmeister!

Es begab sich aber in der Mehrzweckhalle zu Elze...

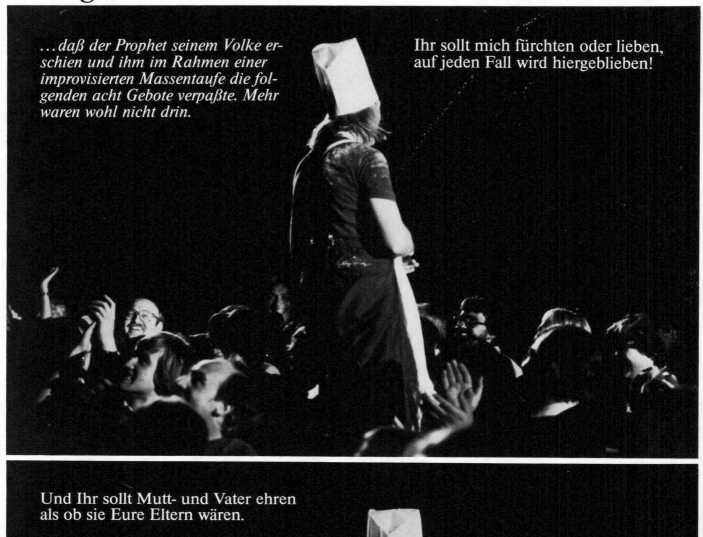

...daß der Prophet seinem Volke erschien und ihm im Rahmen einer improvisierten Massentaufe die folgenden acht Gebote verpaßte. Mehr waren wohl nicht drin.

Ihr sollt mich fürchten oder lieben, auf jeden Fall wird hiergeblieben!

Und Ihr sollt Mutt- und Vater ehren als ob sie Eure Eltern wären.

Auch solltet Ihr beim Ehebrechen
nicht schlecht von Eurer Gattin sprechen.

Wenn ich was sage, sollt Ihr lachen
und keine eignen Witze machen.

Auch dieses steht im Buch der Buchen:
Ihr sollt verflucht nochmal nicht fluchen!

Ihr sollt die Witwen und die Waisen
nur dann, wenn es sich lohnt, bescheißen.

Ihr sollt nicht nehmen, sondern geben,
denn auch Propheten wollen leben.

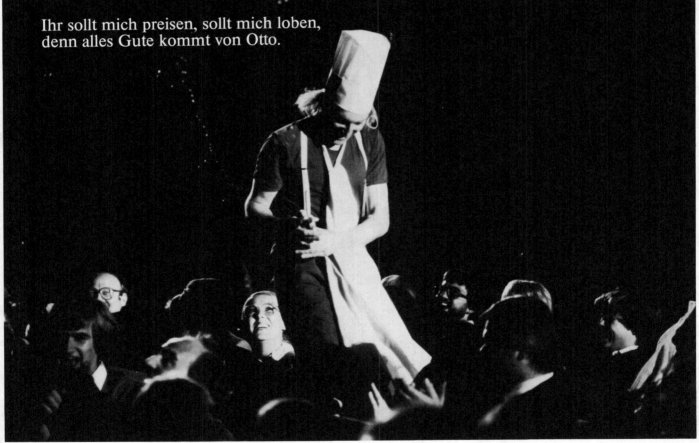

Ihr sollt mich preisen, sollt mich loben,
denn alles Gute kommt von Otto.

Wieso ich den Friedensnobelpreis nicht ge-
kriegt habe dies Jahr? Also das kam so: Die
rückten hier bei mir an, ich meine die Trup-
pe vom Preiskomitee da, sechs Mann hoch.
Ich soll ihren Dingsbumspreis kriegen, Ver-
dienste um Frieden und Völkerverständi-
gung pipapo ... Ich sage: Prima, immer her
damit! Sagen die: Ich müßte natürlich nach
Stockholm kommen, zwecks Preisüberga-
be. Ich sage: Wie bitte? Ich? Nach Stockholm? Seh ich aus wie ein Rentier? Wollen
Sie was von mir, oder will ich was von Ihnen?
Sie wollen immer noch was von mir! Sie
wollen mir Ihren Preis da verleihen! Entwe-
der Sie lassen Ihr Dings jetzt und hier rüber-
wachsen oder Sie können sich Ihren Scheiß
sonstwohin stecken. Ich hab natürlich nicht
„sonstwohin" gesagt, sondern was Härteres.
Da sind sie dann gegangen. Zack.
Tja – und nun erfahre ich, der Preis war mit
200.000 Mark dotiert. Also die gab's zusätzlich, ich meine, die waren praktisch der
Preis. Mann, ich war vielleicht sauer! Lat-
schen da bei mir rein, quatschen dumm
vom Preis und sagen kein Wort von der
Kohle. Also – wenn die sich nochmal bei
mir blicken lassen, ich kann Ihnen sagen, also dann können die mich von einer anderen
Seite kennenlernen:
Smörebröd, Smörebröd – ramtamtamtam
voll auf die Glocke – ramtamtamtam!

Das Ottisorg-Theater präsentiert

zum ersten
als deutsche Letztaufführung:

Die verflixte Rechenaufgabe
oder: Kopfrechnen schwach

Komödie in einem Akt

Es wirken mit:

**Paul Hubraum
als Der VATER**

**Heidi Brüll
als Die MUTTER**

**Oliver Schlimm
als Der SOHN**

Wir befinden uns im Wohnzimmer der Familie Redlich. Vater Redlich sitzt gemütlich in seinem Fernsehsessel und buchstabiert im milden Schein der Leselampe seine geliebte Bildzeitung. Mutter Redlich poliert ihren geliebten Gummibaum. Beider Sohn sitzt über seinen Schulbüchern und macht seine Hausaufgaben. Er versucht es zumindest...

SOHN Papa!

VATER *abwesend* Ja?

SOHN Ich hab hier 'ne Rechenaufgabe.

VATER Meinetwegen. Aber komm nicht so spät nach Hause!

SOHN Ich hab hier 'ne Rechenaufgabe, die krieg ich nicht raus!

VATER *bei der Sache* Was? Die kriegst du nicht raus? Zeig mal her.

SOHN Hier. 28 durch 7.

VATER 28 durch 7? Und das kriegst du nicht raus? Elke!! Dein Sohn kriegt 28 durch 7 nicht raus!

MUTTER Dann hilf ihm doch!

SOHN Was heißt denn 28 durch 7, Papa? Wofür brauch ich das denn?

VATER Wofür? Wofür? Alle naslang brauchst du das! Stell dir vor, du hast 28 Äpfel, ihr seid sieben Buben und wollt die Äpfel untereinander aufteilen!

SOHN Wir sind aber immer nur vier! Der Fips, der Kurt, sein Bruder und ich!

VATER Dann nehmt ihr halt noch den Erwin, den Gerd und den Henner dazu, dann seid ihr...

SOHN Der Henner ist blöd. Der kriegt keinen Apfel.

VATER Na, dann mußt du halt sehen, wen du sonst noch auf der Straße triffst.

MUTTER Der Junge geht mir nicht auf die Straße! Der macht jetzt seine Schulaufgaben!

VATER Jetzt misch dich nicht auch noch ein! Oder weißt du eine bessere Erklärung dafür, wie 28 durch 7 geht?

MUTTER Jedenfalls geht der Junge nicht auf die Straße!

VATER Gut! Er bleibt hier! Wir haben also keine sieben Buben, sondern nur 28 Äpfel und die teilen wir jetzt durch sieben Birnen, das macht...

MUTTER Aber Hermann! Das geht doch gar nicht!

VATER Jaja, 's war falsch... Nun macht doch nicht alles so kompliziert! Ihr seid also keine sieben Birnen... äh... Buben ... ihr seid sieben ... sieben ... na! Sieben Zwerge! Jawohl, ihr seid sieben Zwerge.

SOHN Und?

VATER Und die haben zusammen eine 28-Zimmer-Wohnung!

MUTTER Ach Gott, Hermann, es gibt doch in der ganzen Stadt keine 28-Zimmer-Wohnung!

VATER Natürlich nicht! Es gibt ja auch in der ganzen Stadt keine sieben Zwerge, verdammt noch mal! Wenn ich deine unqualifizierten Bemerkungen schon höre!

MUTTER Unqualifiziert! Aha! Und was machen deine sieben Zwerge in ihrer 28-Zimmer-Wohnung?

VATER Wohnen! Was denn sonst? 28 Zimmer durch sieben Zwerge!

MUTTER Soso! Die geh'n da durch. Hintereinander – wie?

SOHN Und was macht das Schneewittchen, Papa?

VATER Die? Die soll bleiben, wo sie ist, die dumme Nuß!

MUTTER Aber Hermann!

VATER Na gut. Nehmen wir halt was anderes! Die sieben Geißlein zum Beispiel. Die mit den Wölfen. Also: Sieben Geißlein durch 28 Wölfe. Wieviel Wölfe frißt jedes Geißlein?

MUTTER Ach Hermann!

VATER Ach Hermann! Geißlein! Wölflein! Laßt mich doch endlich mit dem Mist zufrieden!

SOHN Was ist denn nun 28 durch 7?!

VATER Du hast recht mein Junge, man muß die Nerven behalten! Also, wer frißt denn da immer die Wölfe? Elke?

MUTTER Was weiß denn ich? Rotkäppchen vielleicht?

VATER Na gut! Sieben Rotkäppchen fressen 28 Geißlein … oder anders: Die Wälder! Die Wälder! 28 Rotkäppchen rennen durch 28 Wälder …

MUTTER … und 28 Großmütter fressen sieben Wölfe …

VATER schreiend … und sieben Geißlein kaufen sich 28 Wackersteine …

SOHN schreit Schreit doch nicht so! Das geht mir auf den Wecker!

VATER Wecker! Sehr gut! Du hast 28 Wecker, und du mußt um sieben raus. Wieviel …

MUTTER Seit wann muß der Junge denn um sieben raus?! Der muß um halb sieben raus, so wie der immer rumtrödelt!

VATER Gut! Gut!

MUTTER Und wenn du schon mit Beispielen kommst, dann denk dir doch eins aus, unter dem sich der Junge auch etwas vorstellen kann!

VATER Ist recht! Ist recht! 28 durch 7! Das muß man teilen. Verstehst du? Wie einen Kuchen! Du hast eine Torte, und die teilst du in der Mitte durch. Und dann ist sie geteilt, klar?

SOHN Ja. Und dann?

VATER Und bei deiner Aufgabe mußt du eben 28 Torten durch 7 teilen, jawohl! 28 Torten. *Laut* Elke! Ich bin's leid. Kauf jetzt 28 Torten!

MUTTER Für wen denn?

VATER Für uns sieben!

MUTTER Wir sind aber doch nur drei!

VATER Dann werden eben noch vier dazu geladen! Die Gierigs. Die alte Raffke! Und der gefräßige Herr Mertens! Kauf die Torten!

MUTTER 28 Torten?! Aber das ist ja viel zu teuer, Hermann!

VATER Für die Bildung von meinem Sohn ist mir nichts zu teuer! Was der Staat mit seiner verhunzten Bildungspolitik nicht schafft, das muß die Familie eben ausgleichen! Jetzt kaufst du die 28 Torten!

SOHN Aber das ist doch Wahnsinn! Da muß ja jeder von uns vier Torten essen!

VATER Das werden wir ja sehen, ob wir das schaffen! Wenn ich schon dran denk an das süße Zeug.

MUTTER Ja, dann könnten wir doch …

VATER Nein! Die Aufgabe wird jetzt gelöst! Kauf die Torten!

MUTTER *im Rausgehen* … 28 Torten! Vier Torten für jeden! Das schaffen wir doch nie …

Vorhang

JETZT SCHNATTERE ICH!

Ein Hektiker packt aus

Das war jener schicksalhafte Dienstagabend, als mir meine erste Freundin mitteilte, sie könne es keine Minute länger mit einem Chefchaotiker wie mir aushalten.

Mir wird oft vorgeworfen, ich sei bei meinen Auftritten zu hektisch. Manche benutzen sogar das böse Wort 'zappelig'.

Wer so redet, weiß nichts von der inneren Unruhe, die in mir lodert und die mein Privatleben zu einem einzigen Hexenkessel macht. Von diesen nervenzerfetzenden Turbulenzen könnten wohl nur jene berichten, die mir sehr, sehr nahegekommen sind. Und bevor nun meine Freundinnen alles ausplaudern, erzähle ich lieber selbst von den vier aufwühlendsten Momenten, die wohl je ein Mann durchleben mußte.

Das war der niederschmetternde Mittwochnachmittag, an dem mir meine zweite Freundin unter Tränen eröffnete, mit einem Wirbelwind wie mir könne sie einfach nicht Schritt halten.

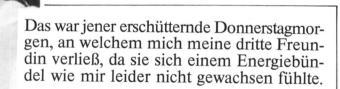

Das war jener erschütternde Donnerstagmorgen, an welchem mich meine dritte Freundin verließ, da sie sich einem Energiebündel wie mir leider nicht gewachsen fühlte.

Tja, und das war jener nette Freitagvormittag, an dem alle meine drei Freundinnen zurückkehrten und einstimmig erklärten, bei anderen Männern sei einfach nichts los.

Eine Hand an  der Sonne

BRAV

Der Goldene Knödel
von Radio
Schnulzemburg für:

Top-Poster!

KNÖDEL-OTTO SUPERSTAR

SUPERPOSTER
★ BLÖDIE

Pop-Toaster!

PUPERPOSTER
★ DAVID DOWIE

Stop Ostern!

In: Happy Metal aus Friesland-
THE RUSTLERS

SCHMUSI
er Süße von
PI$$

BRAV NiX MiX

FRAGT DOCH Dr. DROSTREICH!

„Ich bin jetzt 14 und immer noch Jungfrau. Nun habe ich von meiner Freundin gehört, daß das sicherste Mittel dagegen der Beischlaf sein soll. Dauert das die ganze Nacht? Ich hab so wenig Zeit. Und ist das nicht elend langweilig?"

★ ★ ★

Dr. Drostreich:

Ganz und gar nicht. Leider ist der Begriff etwas irreführend, weil er die Vermutung nahelegt, daß so was genauso lange dauert wie der normale Schlaf. Deshalb predige ich ja schon seit langem, ihn endlich "Baldvorbeischlaf" zu nennen. Das würde diesen Vorgang etwas weniger langweilig wirken lassen.

BRAV-HITPARADE DER WOCHE

1	Ach, ich hab sie ja nur auf den Schnuller geküßt! (Knödel-Otto)
2	Schenkt man sich Hosen in Tirol (Knödel-Otto)
3	Steht ein Spinat am Wolgastrand (Knödel-Otto, begleitet von den Dumpfkosacken)
4	Land des Röchelns (Knödel-Otto)
5	Was kann der Sigismund dafür, daß er kein Fön ist (Knödel-Otto)
6	Reich mir den Hund zum Leben (Knödel-Otto)
7	Gern hab ich die Fraun gesüßt (Knödel-Otto)
8	Brühwürmchen, Brühwürmchen, glimmre, flimmre! (Knödel-Otto)
9	Hau mich bitte nicht so an (Knödel-Otto)
10	Song for Knödel-Otto (David Bowie)

BRAV-NEWS

Das berühmte australische Popduo „The Bee Gees" hat sich getrennt. Nie wieder werden Bee und Gee, wie hier bei ihrem letzten Open-arsch-Auftritt in Palm-Beach die Fans mit Songs wie „Massachusetts" (amerikanische Version von „Mach ma zu Schatz") oder „Saturday Night Fever" („Wochenend mit Krankenschein") zu Entgeisterungsstürmen hinreißen.

Bee hat, was nur wenige ihm zugetraut hätten, sein Tierarzt-Examen bestanden und kümmert sich heute um kranke Bambis: „Wenn der Hals wehtut, dann pieke ich das Bambi einfach ins Auge; weil dann merkt es nicht mehr so, wie der Hals wehtut."

Gee ist der Pop-Musik treu geblieben und rührt gerade kräftig die Werbetrommel für seine erste Solo-LP „Geesus kreischt superstark." Gee: „Wer diese heiße Scheibe nicht kauft, kommt später in die Hölle, oder ich schicke ihn in die Praxis von Dr. Bee."

Ist es wahr, daß...?

... Simon und Garfunkel die meisten Zuschauer in der Geschichte der Pop-Musik hatten?
Unsinn! Bei Knödel-Otto's Auftritt in Schleswig reichten die Zuschauer bis Holstein. Die DDR-Grenzer konnten die ausreisewilligen Panik-Flüchtlinge gar nicht so schnell abfertigen.

... Knödel-Otto außer seinem bürgerlichen Namen auch noch einen Spitznamen hat?
Ja. Man nennt ihn auch die Sauberflöte. Weil er sich nach dem Baden immer gründlich wäscht.

BRAV-SONG DER WOCHE

PETER MUFFIG: Hey Boß!

Ich kauf mir einen Gartengrill,
weil ich nicht länger warten will.
Ich lad' die ganze Firma ein,
sie sollen meine Gäste sein.
Und dich schneid ich in Scheiben,
wir woll'n doch Freunde bleiben.
Vom Kopf bis zu den Füßchen,
verteil ich dich auf Spießchen.
Ja, Boß, du hast's erraten,
heut gibt es Chef gebraten.
Auf meinem kleinen Gartengrill,
weil ich nicht länger warten will.
Hey, Boß! Was hältst du denn davon?
Ach, nichts? Na gut! Ich geh ja schon!

ALLES ÜBER EUREN

SUPERLIEBLING:

KNÖDEL-OTTO von A–Z
Diesmal der Buchstabe P!

Preise:	Findet er meistens zu hoch.
Platten:	Hat er gehabt. Einen auf der Autobahn von Amberg nach Bamberg.
Post:	Kriegt er waschkörbeweise. Toll, was für kleine Waschkörbe es heutzutage gibt!
Publikum:	Bewundert er grenzenlos für dessen Mut und die Ausdauer, ihm zuzuhören.
Pech:	Hat er gehabt. Bei seinem Platten auf der Autobahn von Amberg nach Bamberg.
Pfreundinnen:	Hat er viele, weil er immer so pfrisch und pfröhlich ist.
Pop-Musik:	Sieht er sich gern an, wenn die kleinen Mädchen so rumtanzen.
Peep-Shows:	Hört er sich gern an, wenn die kleinen Vögel so tirilieren.
Pubertät:	Hat er wegen seiner vielen Gastspiel-Termine noch keine Zeit zu gehabt.

Alle neuen Songs singt Knödel-Otto zunächst seinem Teddy vor. „Er hat nämlich das absolute Gehör. Er hört absolut gar nichts."

Wenn der begabte Hammersänger im Freien trainiert, wirkt seine Heimatstadt wie ausgestorben. „Sie nennen mich hier den Straßenfeger", brüllt er uns schmunzelnd zu.

Knödel-Otto lebt gefährlich. Ständig drohen ihm seine Gehörschutz-Radieschen aus den Ohren zu fallen. Und das wäre fürchterlich. Dann müßte er ja hören, was er singt.

Großer BRAV-Intelligenz-Test
BIST DU ZU INTELLIGENT?

1. Wann hast Du zum letzten Mal ein Buch in der Hand gehabt?

Was bitte?

Gestern. Mein Sparbuch.

Neulich in der Telefonzelle. Ich hatte nämlich meine Nummer vergessen. Aber halb so schlimm, ich war ja sowieso nicht zu Hause.

2. Wieviele Mitglieder hat TRIO?

Eins.

Zwei.

Viele.

3. Hier seht Ihr den berühmtesten deutschen Fluß, der durch's Rheinland fließt. Wie heißt er?

Raus.

Rein.

Nil.

4. Was will der Mann von der Frau?

Er will ihr die Prof. Dr. Dr. Heisenberg'sche Unschärfe-Relation erklären.

Er will ihr das ganze Hemd mit Eigelb vollschmieren.

Er will rauskriegen, warum sie sein Zebra geschlachtet hat.

5. Welches ist Deine Lieblings-Fernsehsendung?

Köpckes Pop-Show.

Die Otto-Zahlen.

Kurze Pause.

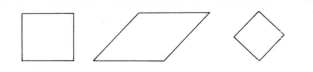

6. Was haben diese Formen gemeinsam?

Sie sind so komisch.

Sie sind überhaupt nicht komisch.

Sie sind alle in Frage 6.

7. Ihr seid alle Menschen. Aber von welchem Tier auf auf diesem Bild stammt Ihr alle ab?

Vom Affen.

Vom Schaukelpferd.

Vom Indianer.

Auflösung:

0 bis kein Punkt:

Wir gratulieren! Du bist der lebende Beweis, daß man auch ohne Kopf gute Musikzeitschriften hören kann.

1 bis mehr Punkte:

Wir warnen! Du neigst zum Grübeln. Es besteht die Gefahr, daß sich in Deinem Kopf graue Zellen bilden. Unser Tip: mal wieder zur Gehirnwäsche gehen.

Alle Punkte:

Du tust uns leid! Du denkst viel nach. Das Denken ist sicherlich etwas Wunderschönes. Aber wie alles Schöne kann man es auch übertreiben. Dann wird aus Denken Kritik. Und als Kritiker wirst Du bald die Erfahrung machen, daß Du immer alleiner und einsamer wirst. Kein Girl will mehr mit Dir tanzen, kein Boy mehr mit Dir reden, kein Hund mehr mit Dir neue Platten hören. Und nicht selten endet es damit, daß Du mutterseelenallein im kalter Stockholm den Nobelpreis entgegennehmen mußt. Dagegen gibt's nur eins: ein lebenslängliches BRAV-Abonnement zum Vorzugspreis! Toll! Mit Gratis-Superposter! Alle Schlümpfe zum Ausmalen! Supertoll!

DER NEUE

RAV-Foto-Love-Story

Ach wasch – nisch scho viel ..

Doch Ottokar hat ein scharfes Auge für sowas. Nanu, die Blonde aus der 8b hat noch ein fast volles Glas.

Ob mich der neue Traumboy heute wohl endlich anspricht?

Gibt's hier noch irgendwo irgendwas zu saufen?

Was bisher geschah: Ottokar ist neu im Internat. Zuerst geht er mit Minki. Beim Petting mit ihr hat er zu lange rumgetrödelt und kommt deshalb zu spät zum Schulball. Aufgeregt fragt er Direx Glorio:

Wie komm' ich bloß an ihr Glas ran?

Ottokar sucht Rat bei Sportwart Poltrig.

Was er nur hat? Er schaut so lieb.

Bub, paß auf, wann's Maderl trinkt, schnappst blitzschnell zu!

Ey! Super-Idee das!

Sie trinkt! Jetzt oder nie!

Was er nur will? Schnauft so süß.

Augen zu! Und ran an ihr Glas!

Was er nur macht? Er saugt so toll!

Kombiniere: Sie hat ihr Glas sinken lassen. Klarer Fall: Jetzt geht das ewige Geknutsche schon wieder los.

Wird Ottokar noch was zu saufen kriegen? Wird fortgepflanzt?

Das Pinneberger Pillenplenum diskutiert heute die Frage:

"Also mir kommt es vor allem auf den Schmerz an, wobei ich persönlich den stechenden Schmerz dem brummenden vorziehe."

"Jaa! Und der Schmerz sollte sich nicht bloß im Kopf abspielen, sondern auch ordentlich auf den Magen schlagen, daß einem so richtig schlecht wird, so richtig üüääh..."

"Ich lege besonderen Wert a die Sofortwirkung. Was nü die beste Schmerztablette wenn es einem erst Stunde später weh tut."

Dr. Maso's Schmerztablette aus dem

Was erwarten Sie von einer guten Schmerztablette?

"Teuer muß sie sein. Und stark. Und unerhört dick und groß. Damit sie schon beim Schlucken schmerzt. Im Mund, im Hals, im Bauch, überall!"

"Jawohl! Und diese Schmerztablette gibt es: Von Doktor Maso! Jetzt auch als Zäpfchen!"

...use Sado.

Ich, der Ausreißerkönig

Ihr wollt wissen, warum man mich den Ausreißerkönig nennt? Nun, das ist eine lange Geschichte. Ihr wollt es trotzdem wissen? Gut, dann mache ich es kurz.

Das erste, woran ich mich erinnern kann, waren die Geschichten meines Vaters. Sie handelten alle davon, daß was ein richtiger Junge werden will, der schon mal von zu Hause ausreißen muß. Und zwar so früh wie möglich, und so weit weg wie's geht. Und daß ein echter Junge natürlich nie wieder nach Hause kommt. Ja, ich war das Lieblingskind meine Vaters.

Und ich war auch das Lieblingskind meiner Mutter. Immer, wenn der Sperrmüll abgeholt wurde, stellte sie mich morgens schon ganz früh an die Straße. Ja, sie liebte mich abgöttisch, denn abends rief sie stets: „Ach, du lieber Gott, der ist ja immer noch da."

41

Und ich war auch der Liebling meiner Kindergärtnerin. „Das ist eine Tuff-tuff-Eisenbahn", sagte sie. „Und was ein braver Bubi ist, der läuft ganz husch-husch schnell heimlich zum Bahnhof und fährt tuff-tuff in die ganz, ganz weite Welt hinaus. Hier hast du meinen Senioren-Paß."

Als ich zurückkam, waren die Freudenfeste im Kindergarten schon voll im Gange. „Ottoschwein fährt allein in die weite Welt hinein", klang es glockenhell aus hundert Kinderkehlen. Aus meiner aber scholl es: „Tenioren-Paß abelaufen." Lähmendes Entsetzen machte sich ganz schön breit.

Ich war auch der Lieblingsbruder meiner kleinen Schwester. Eigenhändig packte sie mir einen Rucksack voller Butterbrote, nachdem ich ihr versprochen hatte, damit endlich auf die ganz große Wanderschaft zu gehen. Ich schulterte den schweren Sack. Aber ich kam nicht weit, denn plötzlich sagte der Rucksack: „Duu, ich muß mal ganz nötig." Eilig kehrte ich um. Mit so einen Rucksack, der dauernd muß, kann man doch nicht in die Welt hinausziehen.

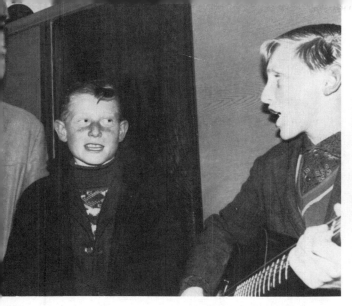

Und ich war der Lieblingsfreund meiner Freunde.

„Junge, komm nie wieder, nie wieder nach Haus", sangen sie im Duett, wann immer sie mich sahen.

„Fährt ein weißes Schiff nach Honkong?" fragte ich singend zurück. „Quatsch", sagten sie, „aber du kannst bei der Friesischen Fremdenlegion anheuern. Die nehmen jeden."

Jeden, außer mir. Denn im Anwerbungsbüro empfing mich ein Offizier, in dem ich meinen alten Freund Hatsche erkannte. Und er erkannte mich auch. „Dich nehmen wir nicht. Du bist doch kein Fremder. Geh doch zur Bekanntenlegion."

Gern. Aber wie? Ich versuchte es per Anhalter. Tagelang stand ich an der Ausfallstraße nach Meppen. Aber keiner nahm mich mit. Vielleicht hätte ich doch den Daumen etwas heben und das Gesicht erheblich senken sollen. Wer weiß.

Aber ich war ja noch der Lieblingsfreund meiner Freundin. Schon am ersten Tag unserer Freundschaft schenkte sie mir das nagelneue Tourenrad ihrer Mutter und begleitete mich selbstradelnd bis zum Stadtrand, um sicher zu sein, daß ich auch wirklich auf Tour ging. „Farewell, fahr gut!" rief sie mir nach.

43

Aber ich fuhr saumäßig. Kaum war das stolze Rad mit mir allein, scheute es und versuchte, mich abzuwerfen. Da dauerte mich das edle Stahlroß und ich schenkte ihm die Freiheit. Im Krankenhaus kam ich wieder zu mir. Und ich war auch der einzige, der innerhalb der zwei Wochen zu mir kam. Wenn man nicht alles selber macht!

Ich war auch der Lieblingsbürger der ganzen Gemeinde. Warum sonst hätte sie mir Pferd und Wagen zur Verfügung gestellt! Ich wäre auch sofort in die Welt hinausgezogen, wenn sie mir nicht auch noch diese Angel in die Hand gegeben hätten. Der Gaul biß und biß nicht an, und als Reiterstandbild waren wir auch nicht zu gebrauchen, weil der Tierschutzverein Bedenken hatte, das Pferd den ganzen Winter über im Freien stehen zu lassen.

Aber meine Mitbürger liebten mich immer mehr. Bei einer spontanen Sammelaktion kam genug Geld zusammen für eine ganz lange Schiffsreise. Aber auch viel Geld geht einmal zu Ende. Und nach einen Vierteljahr verließ ich ohne einen Pfennig in der Einkaufstasche die Fähre Norddeich-Norderney-Norddeich-Norderney-Nord…

Von meinen Flugversuchen kein Wort! „Ich trage eine scharfe Eisbombe in meiner rechten Hosentasche und die schmilzt langsam. Fliegen Sie mich auf dem schnellsten Weg zum nächsten Kühlschrank!" forderte ich naßforsch. „Du Narr!" konterte der erfahrene Pilot, „Flugzeuge entführt man während des Fluges, nicht vorher." „Dann tragen Sie mich wenigstens zur Flugplatz-Kantine." Aber lassen wir das.

Was erzähle ich da überhaupt? Ach so! Sie wollten ja unbedingt wissen, warum man mich den Ausreißerkönig nennt. Na, das weiß doch jeder: weil ich mir jeden Abend auf der Bühne ein bis zwei Haare ausreiße!

Har, har, har!
Ach, auf dem Niveau sind wir jetzt angelangt.

Liebe Mitbürger,

gerne habe ich als Gesetzgeber das Erscheinen dieses Buches zum Anlaß genommen, Ihnen, den Gesetznehmern, die folgenden neuen Gesetze zu erlassen. Nein, nein, danken Sie mir nicht. Noch nicht. Lesen Sie erst. Ich beginne mit den Straßenverkehrsgesetzen, die ich um folgende Neuerungen bereichert habe:

Nach der Anschreipflicht für Autofahrer ist ab sofort auch für den Fußgänger folgende Ausrüstung vorgeschrieben: die Reserve-Sohle, der Hosenheber, der Servo-Senkfuß und der rotkarierte Warn-Arsch, der im Falle des Liegenbleibens weithin sichtbar vor die Brust geschnallt wird. Der Winterschnürsenkel hingegen ist ab sofort verboten.

Neu ist auch, daß neben der Hunde-Haltung jetzt auch die Kopf-Haltung besteuert wird. Wobei mein Gesetz unmißverständlich sagt: „Auch der Zweitkopf unterliegt der Anmeldepflicht". Aber das, liebe Mitbürger, hätten Sie sich ja ohnehin an Ihren zwölf Fingern abzählen können.

Auch in den Betrieben wird sich von morgen ab einiges ändern, hier tritt eine neue Hackordnung in Kraft. Es darf nicht mehr wie bisher einer alle, sondern jeder jeden zusammenscheißen, und zwar im umgekehrten Uhrmachersinn.

Und nun bitte ich unsere Jäger, Bleistift und Klavier zur Hand zu nehmen, um folgendes zu notieren: Der trächtige Hirsch darf von jetzt an erst nach dreimaligem Anruf verjagt werden. Vor allem aber untersage ich es den Förstereien im Interesse der Sauberhaltung unseres Waldes, folgende Bücher auch fürderhin auszuleihen:
1. „Nachts im Rohr, da wird gedommelt"
2. „Runter mit dem Federkleid, Frau Meise, mach die Beine breit" und
3. das so beliebte Standard-Werk „Ich glaub', es hackt, Herr Specht ist nackt".

Die Nichtjäger unter Ihnen aber bitte ich folgendes zu beachten: Nur noch bis übermorgen können Sie Ihre Unterhemden zu Oberhemden ernennen. Es gilt das Datum des Wäschestempels. Gleichzeitig läuft auch die Frist für das unbedarfte Tragen von Hieb-, Stich- und Fußlappen ab bzw. weg. Ferner verbiete ich: Das Kissen-Schlachten, das Schnee-Treiben, das Neon-Röhren in Krankenhausnähe sowie die widerrechtliche Inbesitznahme festen oder beweglichen Guts zum Zwecke der Weiterverarbeitung, Vernichtung, Verwendung oder Aufwertung. Der Versuch ist strafbar.

Und nun zu Ihnen, schöne Frauen. Der Männerschutzbund hat bei mir vier neue Damenrichtlinien durchgesetzt. Sie lauten wie folgt:

§ 1
Die Dame von Welt
geht nie ohne Geld,
denn für ihren Herrn
bezahlt sie doch gern.

§ 2
Die Dame von heut'
ist stets sehr erfreut,
wenn ihr Herr damit prahlt,
daß sie für ihn zahlt.

§ 3
Die Dame von Klass'
ist stets gut bei Kass',
damit sie den Mann
besser freihalten kann.

§ 4
Die Dame von Rang,
die zögert nicht lang,
sie gibt ihrem Klaus
drei Doppelte aus.

Ausgenommen von dieser Regelung sind die Länder Baden-Württemberg und die Lüneburger Heide.

Ferner bittet mich das Bundesumbenennungsamt folgende Umbennungen bekannt zu geben: Im Zuge der Gemeindereform werden Hamburg und Wuppertal zu einer Großgemeinde zusammengefaßt und heißen in Zukunft Wupperburg und Hammertal. Ja, so heißen die jetzt.

Zum Schluß gestatten Sie mir bitte eine persönliche Bemerkung: Mit Sorge habe ich einer statistischen Studie entnommen, daß zwar jeder dritte Bundesbürger im letzten Schaltjahr eine Kinovorstellung, aber nur jeder fünfte seine Oma besuchte. Nit schön. Wäre hier nicht zu überlegen, ob man in Zukunft den Besuch von Omas durch niedrigere Eintrittspreise, den Wegfall der Vergnügungssteuer und einen ansprechenden Kulturfilm attraktiver gestalten sollte? Wie, liebe Mitbürger, denken Sie über meinen so menschlichen Vorschlag?

Bitte schreiben Sie an

Herrn Gesetzgeber Richard Mövenherz
4711 Wegschmeißingen
Papierkorbstraße 100

Dienstag, 20 Uhr

Verehrte Fernsehzuschauer – vielleicht fragen Sie sich, warum ich mich Ihnen nackt präsentiere.

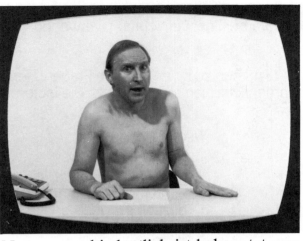

Nun – verschiedentlich ist behauptet worden, ich hätte gefärbte Achselhaare.

Das stimmt nicht! Ebensowenig wie das Gerücht, ich würde...

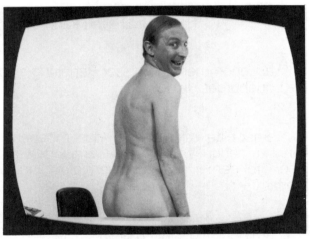

...einen künstlichen Hintern tragen! Doch nun zu den Nachrichten:

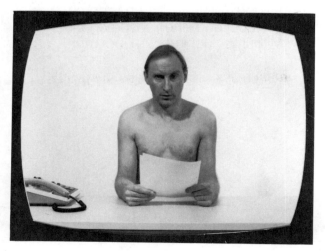

Hamburg. In paradiesischer Nacktheit präsentierte sich heute der Sprecher der Tagesschau seinen Zuschauern. Dazu meinte Intendant Hefrakorn...

DER HOCHMODERNE OSTFRIESISCHE SIEBENKAMPF

Und da kommt auch schon der erste Teilnehmer, ich erkenne ihn an seinem Gesicht – jawohl, es ist der eiskalte Profi und brühendheiße Favorit Lüttje Lage persönlich! Ich drücke ihm den Daumen, toi, toi, toi, Lüttje! – doch jetzt muß ich seinen Daumen loslassen, denn er will ja starten.

Es beginnt mit dem HUMMERWERFEN. Aber nein, es beginnt nicht! Ja, mein Gott, warum läßt der Mann den Hummer denn nicht los? Hat der sich gar in ihn verbissen? Aber nein – verbissen schleudert Lüttje Lage den schweren Hummer von sich… Was für ein Wurf! Das sind gut und gerne einige Meter und das bringt Punkte, Punkte, Punkte!

Doch nun ist nicht mehr Kraft, sondern Schnellkraft gefordert: der HORCH-SPRUNG steht auf dem Programm. Sehr flach der Anlauf, aber dann geht es auch schon horch hinaus in die Luft – ja wird dieser Mann jemals wieder auf unseren blauen Planeten zurückkehren? Jawohl! Sein Schmerzensschrei kündet von einer harten Landung.

49

Und nun wird es noch stiller im Stadion. Jetzt könnte man eine Steckrübe zu Boden fallen hören, aber beim TOPFSTAND soll ja niemand fallen, da soll einer stehen. Jawohl – und da steht auch einer, mitten auf dem Topf! Auf zwei Dinge kommt es beim Topfstand an: auf die Haltung und auf den Topf. Und dieser Topf gefällt mir ausgezeichnet, es ist ein schöner, gutgewachsener Topf aus dem Gestüt Haushaltswaren, ein Topf wie geschaffen für Lüttje Lage, der nun die perfekte Harmonie zwischen Mensch und Topf demonstriert.

Doch der mörderische Siebenkampf geht weiter. Die vierte Disziplin ist die vielleicht härteste: Das HÜRDENSAUFEN. Hier rächt sich jedes Gläschen, das man bereits vor dem Start getrunken hat – und sie rächen sich alle! Sehen Sie nur, wie sie sich rächen! Da! Schon hat Lüttje Lage die Promillegrenze überkrochen – das gibt Punktabzug, Punktabzug, Punktabzug!

Hoffen wir, daß er diesen Patzer beim DRESSURSCHREITEN wieder gutmachen kann. Die Regel ist unerbittlich: „Der ganze Körper sollte sich auf einmal in Bewegung setzen und dabei zweierlei ausstrahlen: Anmut und Würde."

Nun, etwas Anmut würde Lüttje Lage sicher gut anstehen, aber sein strahlendes Wiehern läßt solche Haltungsmängel wieder einmal rasch vergessen.

Vergessen wir also das Dressurschreiten, denn nun kommt das TONTAUBEN-GRÜSSEN, und darin ist Lüttje Lage einfach nicht zu schlagen. Er grüßt sie alle, wie sie kommen. Und wie er sie grüßt! Herzlich! Freundlich! Bestens! Verbindlich! Hochachtungsvoll – doch nie devot. Stundenlang möchte man ihm dabei zuschauen, und es dauert ja auch schon lange genug – hört denn das Grüßen nie mehr auf?

Ah! Jetzt hat Lüttje Lage aufgehört – und das wurde auch Zeit, denn nun hört auch der Wettkampf auf, ja, das ist nun einmal so nach der letzten Disziplin: Da hört er auf, der Wettkampf. Da hilft kein Wenn und Aber. Wenn aber jetzt nicht sofort die ROLLE HEIMWÄRTS kommt – doch da kommt sie auch schon: sehr rollig und sehr, sehr heimwärts. Und das ist auch kein Wunder, denn Lüttje Lage ist ja hier zu Hause.

Und nun wird auch schon das Ergebnis durchgegeben! Sieger im ostfriesischen Siebenkampf: Lüttje Lage (Ostfriesland). Die Überraschung ist perfekt! Lüttje Lage, Erfinder, einziger Teilnehmer und Punktrichter des Wettkampfes hat ihn nicht verloren, sondern gewonnen! Das wars aus Schaurich, schönen Dank fürs Weghören, ich übergebe mich zurück in die Sendezentrale.

Das Wort zum Schlips

Liebe Schwestern,

diesmal möchte ich mich speziell an die Brüder unter Euch wenden. Wie die meisten von Euch Brüdern bin auch ich Schlipsträger. Und wie jedermann trage auch ich die Krawatte im klaren Bewußtsein um ihre modische und ihre tiefere Bedeutung. Doch neulich widerfuhr mir etwas Seltsames: Da tritt ein Mann auf mich zu, faßt mich an eben diesen Schlips und beginnt mich auf das fürchterlichste zu beschimpfen. „Sie Schwein", hat er zu mir gesagt, „Sie elender Dreckspatz!" Das waren seine Worte. Er hat mich einen Sexualprotz genannt, einen perversen Pornografen und ähnliches mehr. „Ihr Schlips", hat er gerufen, „läuft doch hier unten einwandfrei spitz zu! Und wo zeigt diese Spitze hin?! Sie schamloses Ferkel! Wo zeigt sie hin?" Nun erst begriff ich, was mir dieser Mann unterstellen wollte. Hielt er doch tatsächlich die Krawatte für eine Art Hinweisschild, für einen Verweis auf die Schniedelwutz-Zone des Mannes! Deshalb also war er so empört.

Aber, meine lieben schlipstragenden Brüder, lassen wir uns nicht irre machen. Wir Schlipsträger tragen die Krawatte nicht als Verweis auf verborgene Naturschönheiten! Es kann keine Rede sein von verschleierter Schniedelverehrung oder gar Wutzverherrlichung! Nein, nein, nein! Vielmehr ist uns der Schlips, was er immer war:

Symbol der Vergänglichkeit, Zeichen der Vergeblichkeit, Ausweis der Demut vor dem Tod. Der Schlips, meine Freunde, zeigt nicht zum Hoden, sondern zum Boden. Er weist hinab auf den Staub der Erde, aus dem wir kommen und zu dem wir werden werden. Nur wenn wir uns das immer vor Augen halten, werden wir gefeit sein vor irrigen

Auffassungen und schlechten Gedanken, wie sie dieser Mann hatte, den ich mir freilich nur ausgedacht habe, um meine kleine Predigt etwas anschaulicher zu machen. Guten Abend.

O.W.

Otto Waalkes' hochinteressantes

Magazin

OT·TO 1981

PUDDING AUS PANAMA
Großer Farbbericht

DIE SPEISE DER GÖTTER
Wie ein Pudding entsteht

Das ist San Diabolo, das Tal des Teufels. Die Indios nennen es Huxopopojuxocatepetelteltä, was so viel heißt wie Speisekammer der Götter. Hier, wo die sengende Sonne so gut wie nie untergeht – jedenfalls nie bevor es Abend wird, hier, wo der klaglos kreisende Condor keine Pfanne braucht, weil er seine Spiegeleier direkt in den Sand setzt, hier, wo nichts wächst und gedeiht, außer ein paar tropischen Regenwäldern und üppig wuchernden Orchideen-hainen, hier, im Herzen Panamas, liegen sie: die einzigen Puddingpulver-Minen der Welt.

Tag für Tag fördern fleißige Indiohände den kostbaren Staub zu Tage, und fleißige Indiofüße stampfen dazu den Takt der Samba di Vanilla. Tag für Tag.

Aber heute ist kein Tag wie jeder andere. Denn heute kommt er: Dolf Dödel, der Pudding-Experte vom Deutschen Pudding-Institut in Peine. Man sieht sie ihm nicht an, die 8.000 km Peine, Paddensen, Panama, die er heute schon hinter sich hat. Federnd fällt er aus seinem geländegängigen Amphibien-Jeep. „Attencion! El Bandito Dödel arriba!" „Freut euch, unser hochverehrter Professor Dödel ist soeben auf die Schnauze gefallen", jauchzen die Indios. Ja, es sind eben

einfache Menschen, denen man schon mit den kleinsten Dingen die größte Freude machen kann.

Doch nun wird es ernst. „Caramba! Haluncos! Inspectione!" „Gnade euch Gott, meine lieben Mitarbeiter. Ich werde jetzt das Pulver prüfen", leitet der erfahrene Spezialist die alles entscheidende Pulverprobe ein. Erst die Arbeit, dann das Betrügen – das war schon immer seine Parole. Die Indios sind nicht wie vorgesehen im Zweireiher, aber immerhin in Zweierreihen angetreten. Einer nach dem anderen hält Professor Dödel die Ausbeute eines ganzen Jahres unter die nervige Nase. Riechprobe, Fingerprobe, Mundprobe – diese drei Tests

schreiben die Peiner Puddingregeln zwingend vor. Doch schon an der ersten Hürde scheitern die meisten. „Stinkadores!" „Muffstoff!" lautet Dödels vernichtendes Urteil. Wer es bis zur Fingerprobe schafft, darf stolz sein.

Aber dann: „Clumpositos!" „Klümpchen!" Und wieder zerrinnen zwischen Dödels feinfühligen Fingern Indiohoffnungen zu Dutzenden. Aber wer es bis hierher geschafft hat, der atmet nun auf. Der noch folgenden Mundprobe kann er gelassen entgegensehen, denn Prof. Dödel frißt so gut wie alles. „O lecca, lecca!" „O lecker, lecker!" jubelt er nach jeder neuen Geschmacksprobe. Und befiehlt schließlich: „Ladet des köstli-

Prof. Dolf Dödel, 54, seit 62 Jahren Pudding-Experte.

Peine, Paddensen, Panama: 8000 km Nonstop.

Strada de Dolce, die uralte Süßigkeitenstraße war schon zu Inca-Zeiten gefürchtet.

Don Dödel. „El Corrupto" nennen ihn die Eingeborenen, „Der Unbestechliche."

Die drei entscheidenden Fragen des Pudding-Experten: Wie fühlt sich das Pulver an?

Wie riecht sich das Pulver ab?

Don Hartmut, einer der schönsten Indios überhaupt.

Wie schmeckt sich das Pulver aus?

chen Pulvers so viel in meinen Wagen, als er zu tragen imstande ist! Es soll mein Schade nicht sein."

Gesagt, getan. Schon ist das Geschäft mit einem Faustschlag besiegelt, schon sitzt Dödel im vollbeladenen Jeep, schon heult der Motor auf, schon heulen auch die Indios auf: „Pagare! Pagare!" „Zahlen! Zahlen!" rufen sie dem davondüsenden Dödel nach. Und der läßt sich nicht lumpen: „21, 29, 84, Zusatzzahl 7! Das muß für's erste reichen. Mehr Zahlen könnt Ihr doch nicht behalten, idiotos amicos, liebwerte Freunde!"

Der Professor hat es eilig, denn er muß ja noch zum Erntedankfest, das er wie üblich in der Bar des „Plaza Panama", des „Platzenden Panamesen", im Kreise von 20 ausgesuchten Flaschen begeht. So geht ein erfüllter Tag zu Ende. Die Sonne sinkt, die Schatten werden enger. Und in dem stolzen Bewußtsein, daß es daheim im geliebten Vaterlande keinem am geliebten Pudding mangeln wird, sinkt auch Professor Dödel majestätisch unter den Teetisch.

*

„Hombre o hombre! Que pampas!"
„Mannomann, was für eine Pampe!"
Dödel ist sichtlich zufrieden.

Das Siegeszeichen des Experten:
V – wie vort! Nichts wie vort!

Freude im deutschen Pudding-Institut …

… aus naturtrübem Panama-Pudding-Pulver sind glasklare deutsche Qualitäts-Wackelpeter geworden.

Zwei Wochen später. Im Probierstübchen des Peiner Pudding-Palastes spreche ich mit dem Pudding-Experten.

O. W.: Professor Dödel …
Dödel: Nur keine Formalitäten! Nennen Sie mich einfach hochverehrter Herr Professor Doktor Dolf Dödel.
O. W.: Herzlichen Glückwunsch zu Ihrer erfolgreichen Expedition. Die Magazine sind voll Pulver. Jetzt kann die Produktion ja wohl anrollen.
Dödel: Mitneffen, junger Freund, bzw. mitnichten. Denn damit aus naturbelassenem Panama-Pudding-Pulver eine 100 % geschmacksneutrale deutsche Qualitätsgötterspeise mit ein-

jähriger Wackelgarantie und dem gesetzlich vorgeschriebenen Glibberfaktor „Flutsch" werden kann, haben unsere Chemiker noch alle Hände voll zu mantschen. Bunt muß das Zeug ja auch noch werden.
O. W.: Hmm, da läuft einem ja das Wasser in den Augen zusammen.
Dödel: Nicht weinen, junger Freund. Denn nun ist es ja so gut wie geschafft. Wenn all diese Voraussetzungen erfüllt sind, erhält die fertige Götterspeise die höchste Auszeichnung, die so ein glasiger, knallroter Wackelpeter erträumen kann: das Deutsche Puddingsiegel.
O. W.: Professor Dödel, wir danken Ihnen für dieses Geschleim.

Nun erwartet sie die höchste Auszeichnung, die solch ein roter Glibber erwarten kann:

Der Pudding-Meister des deutschen Pudding-Instituts erhebt das Qualitätssiegel.

Denn nur das Siegel des Deutschen Pudding-Instituts bürgt für Qualität …

… und zwar Pudding …

… für Pudding …

… für Pudding …

Opa Kulicke, Zeitansager

„Jederzeit die Zeit!" – Opa Kulicke betreibt sein privates Zeitansage-Unternehmen rund um die Uhr.

Ich treffe Opa Kulicke in seiner gemütlichen kleinen Wohnung, die er selber scherzhaft als „Wohnklo mit Kochnische" bezeichnet. Doch sie ist noch mehr, sie dient ihm zugleich als Kleinraumbüro und Unternehmenszentrale. Opa Kulicke ist nämlich einer jener rüstigen Rentner, denen es gelungen ist, auch nach der Pensionierung ein aktives und hochinteressantes Arbeitsleben zu führen. Ich fragte ihn:

O. W.: Wie haben Sie das geschafft, Opa Kulicke?

Kulicke: Ich habe mich selbständig gemacht und ein kleines Privatunternehmen aufgezogen.

O. W.: Ja, Einfälle muß man haben …

Kulicke: … und ein Telefon!

O. W.: Natürlich. Denn Opa Kulicke betreibt hier ein privates telefonisches Zeitansage-Unternehmen.

Kulicke: Also … ich stehe jetzt im Branchen-Verzeichnis … Vielleicht haben Sie's schon mal gelesen …

Er reicht mir ein aufgeschlagenes Telefonbuch und ich lese: „Opa Kulickes Time-Service. Jederzeit, prompt, reell, aktuell unter 72 76 56."

O. W.: Ah ja. Und da können die Leute also bei Ihnen die Zeit erfragen?

Kulicke: Jederzeit.

O. W.: Und das ist günstiger als die Zeitansage der Post unter 119?

Kulicke: Die Nummer können Sie vergessen! Ich arbeite natürlich viel rentabler als die Post. Weil ich ja nicht die ganzen Briefträger bezuschussen muß. Und weil ich keine unrentablen Buslinien betreibe. Weil ich keinen aufgeblähten Beamtenapparat zu unterhalten brauche – mit einem Wort: mir sitzt eben kein Milliardendefizit im Nacken!

Ein Vorteil, der offenbar auch andere überzeugt hat, denn schon klingelt Opa Kulickes Service-Telefon, und der alte Herr meldet sich routiniert: „Opa Kulickes Time-Service. Sie wünschen, bitte? Wie? Was? Ach – Sie wollen wissen, wieviel Uhr es ist? Ja – Moment mal bitte…"

Opa Kulicke scheint ein kleines Problem zu haben.

„Da ruft einer an, der wissen will, wie spät es ist", flüstert er mir zu, „haben Sie zufällig die genaue Zeit?"

„Nein", flüstere ich zurück, „die habe ich leider nicht. Meine Uhr geht ein bißchen nach."

Doch Opa Kulicke bleibt Herr der Lage. „Muß es genau sein?" fragt er den Anrufer. Die Antwort scheint eindeutig: „Der Typ will es genau wissen! Und ich hab da gerade ein kleines Problem…"

Opa Kulicke deutet vielsagend auf die Innereien seines auseinandergenommenen Weckers.

„Meine Zwiebel ist nämlich gerade in Reparatur. Ich denke, bis 2 Uhr habe ich sie wieder hingekriegt. Aber was mache ich bis dahin?"

Einen Kunden enttäuschen? Eine ungesicherte Zeit durchgeben? Gar an die Konkurrenz verweisen? Nein! All das kommt für einen Profi wie Opa Kulicke nicht in Frage. Souverän meistert er die Situation.

„Hören Sie mal zu!" schnarrt er ins Telefon. „Ich bin jetzt gerade in einer wichtigen Besprechung… Ich kann Ihnen aber schon soviel sagen: Es ist jetzt gegen Mittag. Aber rufen Sie mich doch bitte um Viertel nach zwei nochmal an, dann kann ich Ihnen Genaueres mitteilen – ja, Viertel nach zwei! 14 Uhr 15. Nein, nicht später und schon gar nicht früher. Bitte schön, nichts zu danken, gern geschehen!"

Da will ich auch nicht länger stören. Während Opa Kulicke gemächlich in seinem Wecker herumstochert, wende ich mich zum Gehen. Und nie werde ich das Motto seines Unternehmens vergessen, das er mir unentgeltlich mit auf den Weg gibt: „Gott gab uns die Zeit, von Eile hat er nichts gesagt."

O. W. sagt NEIN

Ich habe bereits 1921 anläßlich der letzten öffentlichen Enthauptung eines Kohlkopfs den sofortigen Stopp aller Gemüseversuche gefordert. Ich habe diese Forderung wiederholt, als kurz nach dem Zweiten Weltkrieg versucht wurde, aus Pampeln und Musen die widernatürliche Zwitterfrucht Pampelmuse zu züchten. Und was hat es gefruchtet? Nichts. Denn jetzt haben wir den Salat. In den Labors der UVC (United Vegetable Companies) werden derzeit gegen ihren erklärten Willen Tomaten mit Mohrrüben gekreuzt. Erklärt Oberkreuzer Patjomkin schamlos: „Ich versuche hier, eine nichttropfende, bißresistente Tomatenrübe zu züchten, eine ganz und gar geschmacklose Rümate also, die oben auch noch einen gänzlich überflüssigen, knallgrünen Puschel hat. Genau so einen wie ich!"

Mit humaner Wissenschaft haben solche perversen Experimente wirklich nichts mehr zu tun. Ich meine deshalb – und alle, die nicht Tomaten auf den Augen haben, werden mit mir einer Meinung sein –: Rübe runter!

Schreckensbilder aus der Wissenschaft: Rübe und Tomate vor der Kreuzung.

Rübe und Tomate während der Kreuzung.

Der entmenschte Wissenschaftler nach der Kreuzung: Stolz entblößt er seinen Puschel.

O. W. sagt JA

Ich habe bereits 1982 den Versuch angeregt, aus Kirschen Kirschwasser zu gewinnen. Mein Vorschlag wurde dankenswerter – hick – weise aufgegriffen und zu einem vollen Erfolg für Mensch, Kirsche und Wasser. 1983 empfahl ich dann das Experiment, aus Salz Salzwasser zu gewinnen. Der Erfolg war weniger voll als die beteiligten Wissenschaftler. Einer blitzartigen Schnapsidee folgend, änderte ich die Fragestellung, und siehe da: Aus Salzwasser ließ sich mühelos Salz gewinnen.

1984 zog ich die logische Konsequenz: Es mußte demnach möglich sein, aus Süßwasser Zucker zu gewinnen. Das Experiment verlief zur sternhagelvollsten Zufriedenheit aller. Geht ja auch puppenleicht: Wir gießen Süßwasser in einen Verdunstungsbehälter, lassen das ganze Wasser verdunsten, und übrig bleibt als Ablagerung Zucker in handlicher Würfelform, von Mutter Natur bereits liebevoll verpackt. Und dafür haben wir dann natürlich wieder ein großes Kirschwasser verdient.

Bildschöne Wissenschaft: Zuckergewinnung – die natürlichste Sache der Welt.

O. W. sagt TSCHÜSS

Die Presse und der Umweltschutz,
die ziehen die Chemie in Schmutz.
Des hat mich lang genug verdrosse,
ab heute wird zurückgeschosse!

Die Muttermilch mit DDT,
die tut doch wirklich niemand weh.
Kein Baby weiß doch, was es trinkt,
Hauptsache, daß des Zeug net stinkt!
Chemie setzt Kinder unter Dampf
und stählt sie für den Lebenskampf.

Doch unser kostbarste Substanze,
die spritze mir auf eure Pflanze.
Ich sag zum Beispiel nur Salat:
Was der so alles in sich hat!
Von Schwermetall bis Chlorofeen,
Von Karbamat bis Quintozeen,
dann noch Nitrit und Kadmium,
des haut die stärkste Schnecke um.
Dazu des gute Dilderin
macht noch die gelbste Blätter grün!
Des schafft Natur alleine nie.
Wer hilft Ihr? Wir = von der Chemie!

Tatää tatää tatää!

Und was ist denn am Kalb das Schöne?
Doch nicht das Fleisch! – Die Östrogene!
Der Stoff ist wirklich ungewöhnlich,
er macht den Mann der Gattin ähnlich.
Der Schniepel schrumpft, die Büste quillt,
schon isser Mamas Ebenbild!
Sie schaut ihm neidisch auf den Busen,
jetzt kann er mit sich selber schmusen.
Ob Mann, ob Frau, ob hart, ob weich,
Chemie macht alle Menschen gleich.

Im Wasser tummeln sich Gestalte,
des sollt' mer net für möglich halte.
Die Vielfalt dieser Wucherungen
hat noch kein Dichter je besungen.
Ich tue es und sing für Sie:
„So schöpferisch ist die Chemie…"
Den Fischen aber sei gesacht:
Tumor ist, wenn man trotzdem lacht!
Hahahahaha…

Den Anfang macht dieses schwüle Aquarell von Alfons Dürer: „Ruhe nach dem Rammeln".

Und hier ein ungemein erregendes Motiv von Franz Gogh: „Die von den sexbessenen Fischern verlassenen Boote am Strand von Arles".

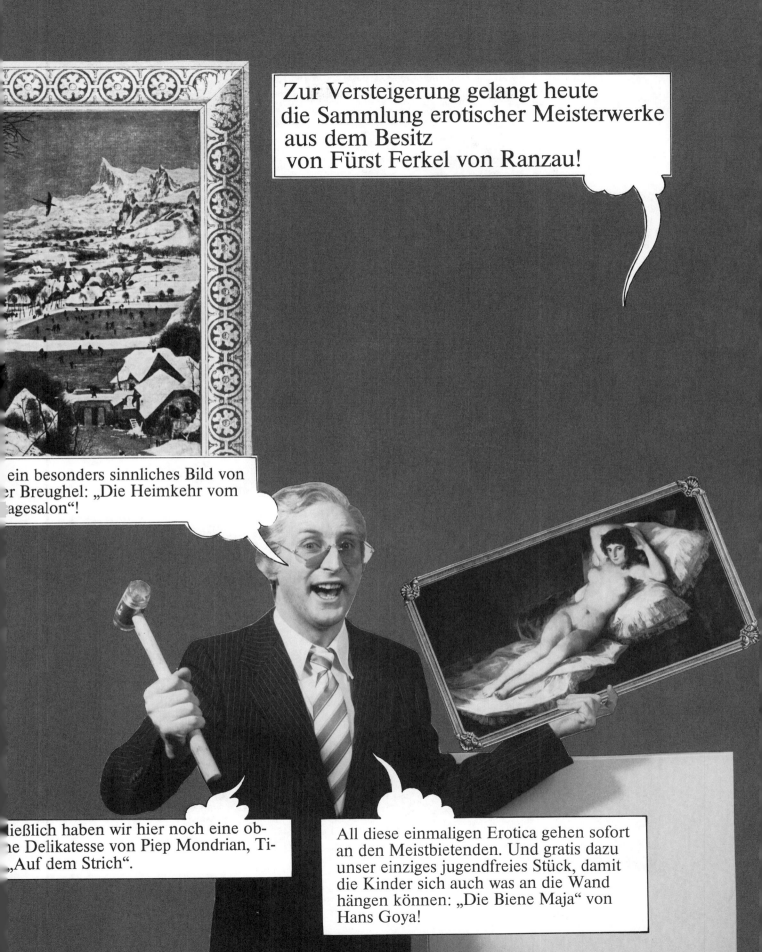

HUNDEHALTUNG IM ABFALLEIMER?

Hallo, liebe Kinder!

Das ist die Seite für das aufgeweckte Kind!

Jetzt wecken wir alle unsere kleinen Brüderchen und Schwesterchen auf! Nicht einwecken – aufwecken! JAAAA! Ich will euch nämlich zeigen, wie man aus Papis Stereoboxen zwei dufte Hamsterkäfige bastelt! Und dann bringen wir unserem Goldhamster das Rauchen bei! Und stecken ihn in den Mikrowellengrill, damit er schön goldbraun wird! Nun erschrecken wir die Schildkröte unserer kleinen Schwester! Und wenn sie sich zusammenzieht, kleben wir die Löcher mit Tesa-Film zu! JAAAA! Dann sagen wir unserem Brüderchen, er soll mal im Kühlschrank das Licht ausmachen! Und wenn er drin ist, machen wir die Kühlschranktür zu! Ich will euch nämlich mal was von mir erzählen, ganz unter uns: Meine Mutter hatte sechs Kinder. Zwei vom ersten Mann, zwei vom zweiten Mann und zwei ohne fremde Hilfe! Ich hatte ein kleines Kätzchen. Und wenn ich damit spielte, sagte meine Mutter immer: „Du sollst doch nicht mit dem fiesen, dreckigen, stinkigen Viech spielen!" – „Aber Mutti, das Kätzchen ist doch soooo niedlich!" – „Ich sprech nicht mit dir, ich sprech mit der Katze!" HAHAHA! Wir hatten auch einen Hund. Der hatte keine Beine. Er hatte auch keinen Namen. Wozu auch? Wenn man ihn rief, kam er sowieso nicht! JAAAA! Aber was muß ich sehen? Ihr habt ja die schöne Seite mit euren Schmuddelfingern ganz dreckig gemacht! Husch, husch, ins Badezimmer, waschen! Nicht die Hände – das Buch, ihr Dummis! Und wenn es auseinanderfällt, muß sich euer Papi ein neues kaufen! Und darüber freut sich dann ganz doll: euer OTTILI! Oh, ich freu mich!

Schule des Sehens

Trauen Sie Ihren Augen nicht! Denn nicht nur ein Fünfzig-Mark-Schein kann falsch sein, auch der Augen-Schein kann trügen. Wie leicht Ihre Augen Sie übers Ohr hauen können, beweist der folgende Versuch: Die Versuchsperson O. ruft durch kaum merkliche Veränderungen ihres äußeren Erscheinungsbildes beim Betrachter die unterschiedlichsten Eindrükke hervor. Wir leiten daraus die folgenden drei Lehrsätze ab:

1. Längsstreifen machen schlank.

(Lektion 21)

2. Querstreifen machen dick.

3. Schrägstreifen wirken kränklich.

Spiel mir das Lied vom Huhn

Spiel mir das Lied vom Huhn

Wißt ihr, Leute, ich habe mich noch nie vor einem Job gedrückt. Für eine Handvoll Dollar habe ich die härtesten Sachen erledigt. Die wirklich harten Sachen, wißt ihr: so auf Kühe aufpassen und dabei noch Filterzigaretten rauchen, eine nach der anderen. Und zwischendurch auch noch reiten, immer rein in die Abendsonne! Und dazu noch diese Musik: Daadaa-Dadada-Daadaa . . . Na, ihr kennt das ja aus der Kinowerbung. Und ihr könnt euch vorstellen, wie hart das war. Aber das Härteste war die Sache mit den Eiern. Und das könnt ihr euch nicht vorstellen. Das muß ich euch erzählen. Gibt's keine Filme von.

Also, ich hatte die Schnauze voll von den Kühen und den Zigaretten und arbeitete seit zwei Wochen als Hühnerwecker auf der Egghead-Ranch. War auch kein Sugarschlecken. Ihr ahnt ja nicht, wie schwer die Biester aus den Federn zu kriegen sind. Die sind ja praktisch angewachsen, die Federn.

Well, es sollte noch schlimmer kommen. Das heißt, zuerst mal kam mein Boß.

„He, Joe!" So heiß ich: Joe. „Joe, willst du dir 'ne Handvoll Dollar mehr dazuverdienen?"

„Ich, Boß? Immer, Boß!"

„Dann hab' ich 'nen Job für dich. Big Schultz hat oben in Kentucky 'nen riesigen Geflügelgrill aufgemacht. Er hat bloß 'ne Kleinigkeit vergessen."

"Den Grill?"

„Ne, Joe. Das Geflügel. Schultz braucht Hühner. Wer ihm zuerst 30 000 Longleg-Leghorn bringt, der kann sich 'ne goldene Nase verdienen. Hühner-Hugo von der Pondelila ist schon unterwegs. Traust du dir zu, schneller zu sein als dieser Bastard?"

„Ich, Boß? Immer, Boß!"

„O.k., Joe, dann marschiert ihr Morgen

im Grauen los. Du und die 30000 Longleg-Leghorn."
„Oje, die auch?!" Schlagartig wurde mir
klar, worauf ich mich eingelassen hatte.

*

Um mit 30000 Longleg-Leghorn über
eine Distanz von 500 Meilen zu trecken,
quer durch reißende Wüsten und hitze-
flimmernde Ströme, braucht ihr vor allem eines: einen guten Leithahn. Und
den brauchte ich auch. Es gab nur einen
Gockel, der für diese Aufgabe in Frage
kam: der weiße Hahn. Der wildeste und
lauteste Kräher westlich von Alamo.
Es war nicht schwer, ihn aufzustöbern.
Leichen von Regenwürmern pflasterten
seinen Weg. Aber was dann kam, war
hart.
Wir stehen uns schließlich am Rande eines Abgrundes gegenüber, allein, unter
drei Augen. Ja: drei. Denn mit dem rechten Auge sehe ich ja nicht mehr viel. Fol-
geschäden, versteht ihr? Die vielen Filterzigaretten immer im rechten Mund-
winkel und dann der ständige Qualm —
naja, forget it.
Also, ich steh' da, in der linken Hand einen entsicherten Eierbecher, in der rechten die Kalaschnikow — da fällt mir doch
tatsächlich eine List ein.
„Kräh mir das Lied vom Tod", zische ich.
Und während die Bestie noch überlegt,
wie das Lied eigentlich geht, bin ich blitzschnell über ihm — er bockt — ich reiß' ihn
zu Boden — er läßt den Kamm anschwel-
len, um mich in den verdammten Ab-
grund zu drücken — doch da hab' ich
schon den Stöpsel gefunden…
Welchen Stöpsel, fragt ihr. Na, den natürlich, mit dem man die Luft aus dem
Kamm rauslassen kann. Ich zieh' den
Stöpsel raus — ihm geht die Luft aus. Der
Widerstand des stolzen Gockels läßt
nach, seine brechenden Lichter schauen
mich flehend an. Behutsam beginne ich
mit der Mund-zu-Kamm-Beatmung.
Und als ich seinen Kamm wieder aufge-

pumpt habe, weiß ich, daß ich nicht nur
einen Leithahn, sondern auch einen
Freund fürs Leben gefunden habe. Einen, der mir von nun an in Notfällen auch
mal was pumpen wird.

*

Am nächsten Morgen ließ ich den
Hühnerhaufen antreten.
„Hühner!" rief ich. „Ich erwarte von je-
dem von euch, daß es seine verdammte
Pflicht tut. Nur dann werden wir den Ge-
fahren trotzen, von denen es nur so strot-
zen wird. Unsere Parole aber sei:
Jedes legt noch schnell ein Ei –
und dann geht's nach Laramei!
Avanti!"

*

Die erste Gefahr ließ tatsächlich nicht
lange auf sich warten. Ich hatte kaum
mein Nachtlager und 30000 Eier aufge-
schlagen, als ich ein Geräusch vernahm,
das mir das Blut in den Waden erstarren
ließ – denn dies Geräusch kannte ich aus
der Zeitung…
„Achtung! Hühnerhabichte!" brülle ich.
„Kommando an alle Hühner: Positions-
lampen ausschalten!"
Doch zu spät! In Keilformation braust die
Habichtstaffel runter – sie kommt immer
näher – ich schließe die Augen – also, das
rechte brauchte ich gar nicht zuzuma-
chen, mit dem sehe ich ja eh nix… Doch
da hat Henne Berta die rettende Idee:
„Achtung! Beiseite springen!" gackert
sie. Ich höre einen Aufschlag – ich mache
das Auge wieder auf – und wer beschreibt
das Bild, das sich ihm bot? Werd's wohl
selber machen müssen, denn so was hat
die Welt noch nicht gesehen: Soweit das
Auge reichte – und das Auge reicht weit,
ich meine jetzt das linke – ragten Habicht-
bürzel aus der Erde.
Tja, da staunt ihr. Die Biester hatten nicht
mehr durchstarten können und hatten
sich, Schnabel voran, in den Boden ge-

rammt. Das befreite Gegacker, das nun ausbrach, war unbeschreiblich.

*

Doch bald schon erreichte mich eine neue Schreckensmeldung.

„He, Mister!" rief mir ein außerfahrplanmäßiger Schreckensmeldereiter zu. „Der Rio Pecos ist über die Ufer getreten! Unmöglich, da durchzukommen!"

Gott sei Dank, mußten wir da auch gar nicht durch. Der Rio Pecos lag gut 500 Meilen weiter südlich. Und wir mußten nach Norden.

*

Dann ging ja nochmal alles gut, meint ihr nun.

Pah, meint ihr! Denn schon hatte sich eine noch viel gefährlichere Gefahr über mir und den 30 000 Longleg-Leghorn zusammengescharrt. Und der weiße Leithahn war der erste, der sie bemerkte.

„Kikeriki!" schrie der sonst so wortkarge Kratzfuß plötzlich.

Ich schau auf und denk, ich seh nicht recht – also mit dem rechten Auge seh ich ja sowieso nichts Rechtes, aber nun auch mit dem linken: Wir stehen bis zu den Knöcheln im Sand. Na, das galt natürlich nur für die Hühner, bei mir ging der Sand nur so direkt bis unter die Schuhsohlen, klar. Des Rätsels Lösung: Wir hatten doch tatsächlich den Präriezubringer verpaßt, kurz hinter Tuxedo, und waren direkt in die Wüste geraten.

Ich hätte es natürlich merken müssen, schon an der Hitze. Aber mir war ja die ganze Zeit so heiß, daß ich zu keinem klaren Gedanken fähig war. Eine scheußliche Situation. Furchtbar. Bedeutete sie den sicheren Tod!? Ach wo. Sonst säße ich ja nicht hier und würde euch meine Story erzählen.

Mitdenken, Leute, mitdenken!

*

Nicht der Tod war nämlich unser Problem, sondern der Durscht. Ja, der Durst. Ich schaue mich also um – wißt ihr, ich hab ja ein Näschen für so was – und Tatsache: Kaum 100 Meter weiter entdecke ich einen Riesenstausee.

Wo ein Stausee ist, ist auch Wasser, denke ich. Und ihr denkt vermutlich immer noch, mein Problem war der Durst? Forget it! Wenn man soviel Wasser sieht, kommt der Durst von alleine.

„Wasser!" rufe ich also, und ein unbeschreibliches Freudengegacker bricht los – das allerdings durch einen eher bedauerlichen Zwischenfall gedämpft wird: Vor unser aller Augen – also bei mir bloß vor dem linken – stirbt der weiße Hahn. An Entkräftung.

Die vielen Hühner, meint Ihr? Das weniger. Ich war auf die Dauer einfach zu schwer für ihn gewesen.

Na, shit. Ich schnallte ihm den Sattel ab, drückte seine treuen Hühneraugen zu – und am nächsten Tag war es endlich soweit: An der Spitze meiner 30 000 Longleg-Leghorn zog ich zu Fuß in Kentucky ein.

*

Aber, ihr glaubt es nicht, in Big Schultz' Hühner-Grill steht eine neue schreckliche Nachricht vor mir: Mein Konkurrent Hühner-Hugo war mir zuvorgekommen. Er hatte in Laredo die Morgenmaschine genommen und war glatt zwei Wochen vor mir in Kentucky eingetroffen. Furchtbar für mich? Forget it. Alles halb so wild. Hühner-Hugo, der halbe Hahn, hatte nämlich seine ganzen Hühner am Airport vergessen.

Wie das möglich war? Ach, das erzähle ich euch das nächste Mal – jetzt bin ich rechtschaffen blöde.

Ottilie

Für Frauen,
die mitten
daneben stehen

Burgerdiät:
Pro Tag ein Viertelpfünder mehr –
nie wieder knochig

Stabelhaft:
Mit Stickmuster-
beilage

Ratgeber:
Welcher Mann
paßt zu ihrem Hund

Kosmetik:
Laß dir mal
die Nippel schmieren

Sexy:
Die neuen Kekse

Salate zum
Wegschmeißen

Olala !

Endlich da:
Die Pille währenddessen

Die neue Hutmode:

Hut ab

Wer's nicht im Kopf hat,
hat es darüber:

MEINE GÜTE, WAS FÜR HÜTE!

In Paris stellte Modepäpstin Coco Camel unter starkem Polizeischutz ihre neue Kollektion übermütiger Frühjahrshütchen vor. OTTILIE war für Sie dabei, weil man sowas wie Sie garantiert nicht reingelassen hätte.

Modell Ramsches

Der Fluch der Pharaonen wird wahr dank dieser Creation aus dem Hause „Tut-euch-Umtun": „Verflucht, ist das heiß unter diesem Beutel!"

Modell Dachschaden

Weiches Nappapa-Leder kombiniert mit gleißendem Wellblech in der bewährten Giebelform! Der Hut zum Haus: Nichts sehen, sondern gesehen werden!

Modell Tatütata

Aus dem Fell von hundert Tomaten: Ein Traum in Feuermelder-Rot! Quadratschädelgerecht dank eurodynamisch getesteter Backsteinform. Nur echt mit der Lasche vorn. Nicht echt mit der Lasche hinten.

Modell Blitzkrieg

Extrem betonte Ohrenschlit-
ze verleihen diesem Modell
seine poetische Note:
Man zeigt wieder Ohr,
man ist wieder happy.
Man nimmt sich was vor:
Man trägt wieder Käppi.

Modell Händehoch

So ein Gesicht ist schnell versteckt; aber wohin mit den
Händen? Der blickdurchlässi-
ge Handhalterhut mit den
beidseitigen Würgegriffen
gibt Antwort auf diese kreuz-
dumme Frage. Auch in Kür-
bis-Blau lieferbar. Aber immer.

Modell Husaren-
streich

Unechte Perlen und echtes
Plastik vereinen sich zu einem rauschhaften Stell-
dichein im zeitlosen Husaren-
Look. Exclusiv kriminelle
Preisgestaltung! Umtausch
kommt gar nicht in die Tüte!

Alle Modelle erhältlich bei:
Schnickschnack-Boutique
in der Dreckzeug-Passage,
direkt gegenüber Elektro-Ekel.

Dem Burgerkönig Louis Philippe wird der folgende Diätvorschlag von uns zugeschrieben:
„Madame", sagte er einmal zu einer seiner Hofdamen, „wollen Sie wissen, wie Sie blitzschnell zehn Kilo überflüssiges, häßliches Fett losswerden können?"
„Mais oui!" bejahte die Angesprochene.
„Lassen Sie sich den Kopf abhacken."

Nun, erfreulicherweise gibt es noch geschmacklosere Möglichkeiten, überflüssige Pfunde loszuwerden:

DIE OTTILIE BURGER-DIÄT

Was Sie dazu brauchen? Phantasie, Creativität, Ideen und ein paar alte, lappige Brötchen!

1. Tag: SCHLAMMBURGER.

Zutaten: 1/2 Pfund essigsaure Tonerde (oder irgendein anderer Matsch), 1 altes, lappiges Brötchen.

2. Tag: KAMMBURGER.

Zutaten: 1 Läuserechen mit ordentlichen Haaren auf den Zähnen, 1 altes, lappiges Brötchen.

3. Tag: TRAMBURGER.

Zutaten: 1 altes, lappiges Brötchen, 1 Straßenbahn (diese nicht mehr als 1 Mal über jenes drüber fahren lassen!)

4. Tag: SCHWAMMBURGER.

Zutaten: 1 Schrubbelrubbel (schön naß), 1 altes, lappiges Brötchen.

5. Tag: HAMHAMBURGER.

Zutaten: 1 altes, lappiges Brötchen, noch 1 altes, lappiges Brötchen.

6. Tag: HAREMBURGER.

Zutaten: Woher sollen wir das wissen! Er wird ja nur verschleiert serviert. (Aber wie wir uns kennen, steckt da wahrscheinlich wieder ein altes, lappiges Brötchen dahinter.)

Ham, Kamm, Schlamm! Aber wie wär's mit einem strammen Rüsselburger, Madame?!

Voraussichtliche Gewichtsabnahme: 10 Kilo.
Wieso?
Na, Sie werden doch dieses Zeug nicht essen wollen!
Und was anderes gibt's nicht.

Das Wort hat der Abgeordnete Dr. Sparschwein

Herr Präsident, meine Damen und Herren. Es muß gespart werden, es soll gespart werden und es kann gespart werden.

Ich mache Ihnen jetzt ein paar Vorschläge, Sie sparen sich gefälligst Ihre Kommentare dazu, und ich erspare Ihnen dafür die Begründung.

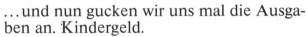

Der Haushaltsplan für das kommende Jahr: Einnahmen – Ausgaben. Das muß man doch säuberlich voneinander trennen! Die Einnahmen bleiben hier…

…und nun gucken wir uns mal die Ausgaben an. Kindergeld.

3 Komma 5 Milliarden Kindergeld, das ist doch ein Wahnsinn, meine Damen und Herren. Man kann doch einem Kind nicht dreieinhalb Milliarden in die Patschhand geben! Das geht zum nächsten Kiosk und kauft sich 35 Milliarden Gummibärchen.

Und wer hat die Folgen zu tragen? Unsere Krankenkassen! Obwohl ich auch hier der Meinung bin: Wozu brauchen Kranke Kassen?! Die sollen im Bett bleiben und nicht dauernd zum Schalter hinken.

Und hier: Wohngeld! Für's Wohnen auch noch Geld verlangen? In einer gesunden Volkswirtschaft, da wohnt das Geld nicht, da läßt man es arbeiten. Darum sage ich: Weg mit dem Arbeitslosengeld! Ich habe keinerlei Verständnis für Menschen, die gleich Geld wollen, wenn die Arbeit losgeht. Wir arbeiten ja schließlich auch nicht und kriegen trotzdem Geld.

Und hier: die dynamische Altersrente. Meine Damen und Herren, von wegen Dynamik! Die kommt doch kaum noch die Treppen runter. Und nun soll sie auch noch steigen! Das wollen wir doch lieber den Preisen überlassen.

Und da wir gerade beim Preisen sind: Ich will mich nicht selber loben, meine Damen und Herren, aber wenn es kein anderer tut, muß ich es ja wohl machen. I c h sorge nicht nur für weniger Ausgaben, sondern auch für mehr Einnahmen.

Nur ein Beispiel:
Ich komme gerade von der Parlamentstoilette. Wer steht neben mir? Der französische Botschafter. Ich erkenne ihn sofort an der Elegance mit der er le Schlitze öffnet.

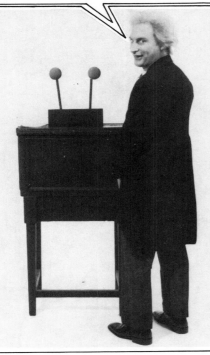

Aber ich sage: Momang, Excellance. Bevor da –

erst hier.

Er sieht mich einen Momang entgeistert ang. Dann begreift er: 20 Pfennig, meine Damen und Herren, so ganz nebenbei verdient. Außerplanmäßige Einnahmen! Damit gehe ich jetzt den Finanzminister anrufen. Der wird sich freuen!

RALLYE MONTE KARLCHEN

Mein Fahrtenbuch

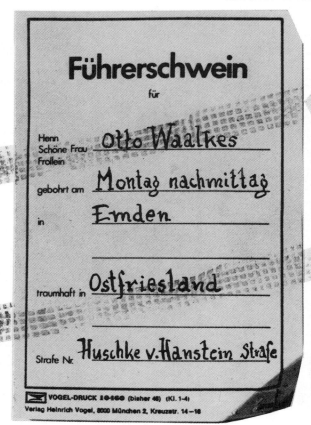

Führerschwein

für

Herrn
Schöne Frau
Fräulein   Otto Waalkes

geborht am   Montag nachmittag

in   Emden

traumhaft in   Ostfriesland

Strafe Nr.   Huschke v. Hanstein Straße

✈ VOGEL-DRUCK 10 160 (bisher 46) (Kl. 1-4)
Verlag Heinrich Vogel, 8000 München 2, Kreuzstr. 14–16

1. Tag

Ich kann den halben Tag kein Auge zu-
drücken. Morgen ist es so weit: Start zur
Rallye Monte Karlchen. Emden–Aurich.
30000 Meter durch das Fegefeuer Fries-
lands, die Hölle des hohen Nordens. Und
ich bin dabei.

2. Tag

Schreckliche Entdeckung: Mein Motor ist
nicht frisiert. Lege ihm rasch eine Nok-
kenwelle – dann ab unter die Haube.
Höchste Zeit: Der Starter senkt die Flag-
ge. Ich erhebe mich von meinem Sitz,
nehme den Helm ab. Was ist passiert? Ein
familiärer Trauerfall? Ein Staatsbegräbnis?
Die anderen wissen offenbar Bescheid.
Sie fahren hin. Ich hinterher.

3. Tag

Könnte mich ohrfeigen. Warum mußte
ich ausgerechnet einen Elch als Beifahrer
mitnehmen? Der röhrt mir jetzt den ganzen Rücksitz voll. Ich ohrfeige i h n .
Bergprüfung. Ich frage den Berg was ganz
Leichtes: Wie hoch er ist? Er weiß nicht
mal das. Er weiß gar nichts. Und das ist
verdammt wenig. Immerhin ein Teiler-
folg: Als einziger Teilnehmer treffe ich
die Wendemarke frontal.

4. Tag

Wilde Kühe stieren mir nach. Immer
noch besser, als würden mir wilde Stiere
nachkühen. Leide unter den schreckli-
chen Temperaturunterschieden: Hier
meist so 20 Grad – in Grönland wahrscheinlich viel weniger. Darf gar nicht daran denken.

80

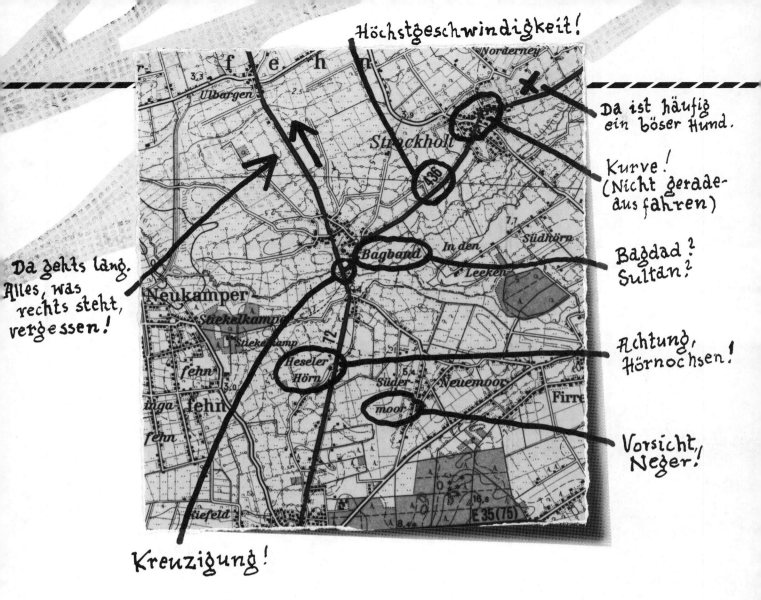

Höchstgeschwindigkeit!

Da ist häufig ein böser Hund.

Kurve! (Nicht geradeaus fahren)

Bagdad? Sultan?

Achtung, Hörnochsen!

Vorsicht, Neger!

Da gehts lang. Alles, was rechts steht, vergessen!

Kreuzigung!

5. Tag

Wie ich meinen Beifahrer hasse! So ein eitler Mensch. Immer dreht er den Rückspiegel weg, wenn ich mir mal die Augenbrauen fönen will. Nachtfahrprüfung: Prompt schläft mein rechtes Bein ein. Ich gehe volles Risiko, klemme das Gaspedal fest. Vorher stelle ich natürlich den Motor ab. Dann folge ich ihm. Ich meine: dem Bein.

6. Tag

Erstmals kommen mir Zweifel an meinem Endsieg. Kämpfe sie mit Alkohol nieder. Leichter gesagt als getan: Meine Grogvorräte sind steifgefroren. Dafür ein Lichtblick: Schon ein Konkurrent weniger. Habe ihn mit Alkohol am Steuer erwischt. Voll. Mein Gott, war ich blau.

7. Tag

Ein Alptraum: Wir verlieren rapide an Höhe. Die bittere Wahrheit: Plattfuß. Ich weiß, was das bedeutet: Aufgeben. Und zwar ein Telegramm. Und zwar an meine Eltern: „Holt mich hier raus – und zwar lebend – und zwar aus dem Rasthaus Emden-Süd – Gruß – Otti."

81

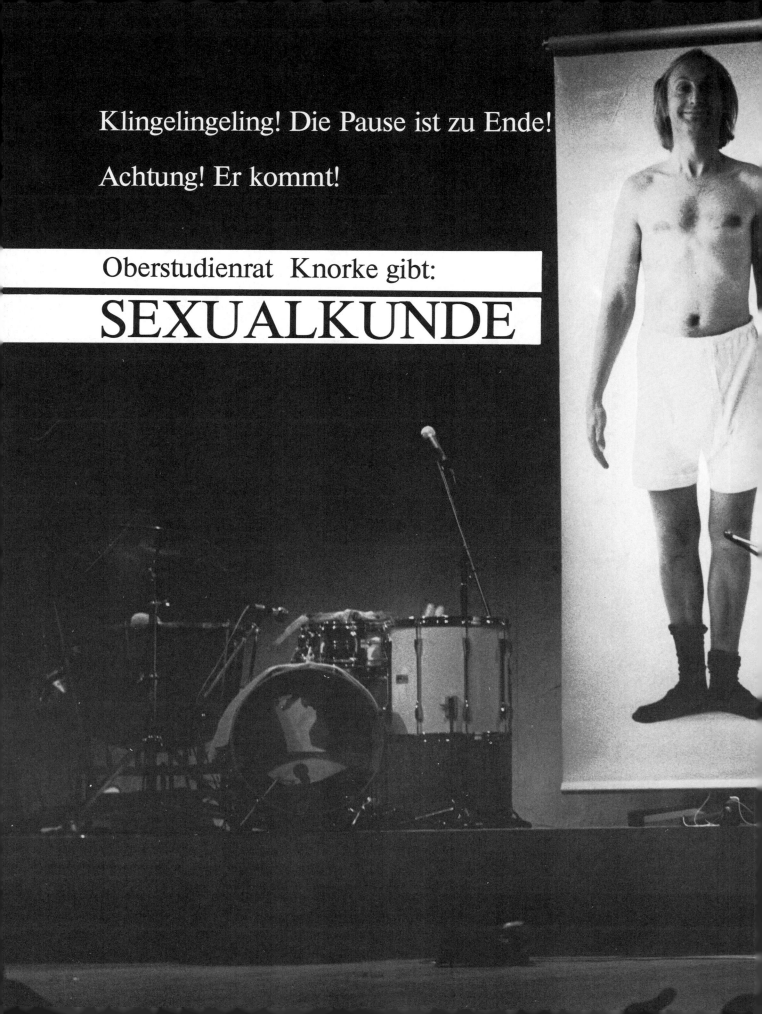

Klingelingeling! Die Pause ist zu Ende!

Achtung! Er kommt!

Oberstudienrat Knorke gibt:

SEXUALKUNDE

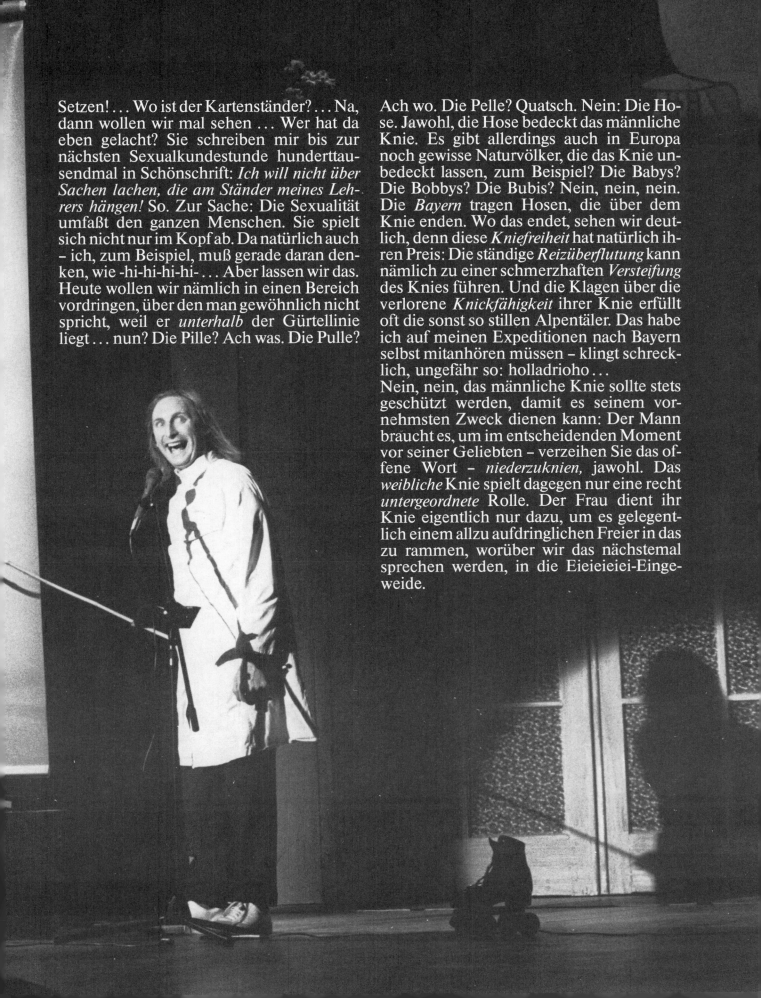

Setzen! ... Wo ist der Kartenständer? ... Na, dann wollen wir mal sehen ... Wer hat da eben gelacht? Sie schreiben mir bis zur nächsten Sexualkundestunde hunderttausendmal in Schönschrift: *Ich will nicht über Sachen lachen, die am Ständer meines Lehrers hängen!* So. Zur Sache: Die Sexualität umfaßt den ganzen Menschen. Sie spielt sich nicht nur im Kopf ab. Da natürlich auch – ich, zum Beispiel, muß gerade daran denken, wie -hi-hi-hi-hi- ... Aber lassen wir das. Heute wollen wir nämlich in einen Bereich vordringen, über den man gewöhnlich nicht spricht, weil er *unterhalb* der Gürtellinie liegt ... nun? Die Pille? Ach was. Die Pulle?

Ach wo. Die Pelle? Quatsch. Nein: Die Hose. Jawohl, die Hose bedeckt das männliche Knie. Es gibt allerdings auch in Europa noch gewisse Naturvölker, die das Knie unbedeckt lassen, zum Beispiel? Die Babys? Die Bobbys? Die Bubis? Nein, nein, nein. Die *Bayern* tragen Hosen, die über dem Knie enden. Wo das endet, sehen wir deutlich, denn diese *Kniefreiheit* hat natürlich ihren Preis: Die ständige *Reizüberflutung* kann nämlich zu einer schmerzhaften *Versteifung* des Knies führen. Und die Klagen über die verlorene *Knickfähigkeit* ihrer Knie erfüllt oft die sonst so stillen Alpentäler. Das habe ich auf meinen Expeditionen nach Bayern selbst mitanhören müssen – klingt schrecklich, ungefähr so: holladrioho ...
Nein, nein, das männliche Knie sollte stets geschützt werden, damit es seinem vornehmsten Zweck dienen kann: Der Mann braucht es, um im entscheidenden Moment vor seiner Geliebten – verzeihen Sie das offene Wort – *niederzuknien,* jawohl. Das *weibliche* Knie spielt dagegen nur eine recht *untergeordnete* Rolle. Der Frau dient ihr Knie eigentlich nur dazu, um es gelegentlich einem allzu aufdringlichen Freier in das zu rammen, worüber wir das nächstemal sprechen werden, in die Eieieieiei-Eingeweide.

Nein, das können sie nicht! Denn immer noch befindet sich in Ihrer Wohnung ein gefährlicher Bakterienherd!

In meiner Wohnung? Aber wo denn nur? Ich habe doch überall porentief, novemberweich, kuschelfrisch und mit der geballten Hygienekraft vorgereinigt, hauptgeweicht, nachgeputzt und supersauber gemacht. Es ist doch alles blitzeblank und spiegelklar!

Er ist überall. Überall, wo Sie sind. Denn ununterbrochen produziert der Mensch hochwirksame Schmutzstoffe. Allein der menschlichen Nase entweichen stündlich bis zu 15 Millionen dreckaktive Mikroorganismen!

Hören Sie auf! Gibt es denn gar kein Mittel dagegen?

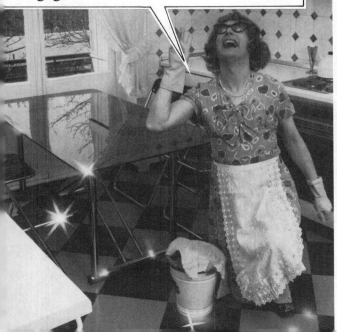

Nein! Den gefährlichsten, bösartigsten und hartnäckigsten Schmutzerreger haben Sie noch immer nicht beseitigt. Pausenlos produziert er dreckdynamische Schmutzkulturen, die sich in Sekundenschnelle überall festsetzen!

Ja wirklich? Aber wo ist er? Ist er hier? Ist er da? Oder dort?

Doch. RAUS. Raus! Raus!!!

Oh, ich verstehe! Natürlich! RAUS!

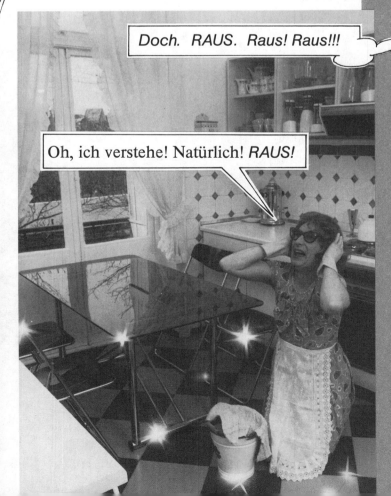

RAUS ist natürlich, kostet nichts und wirkt sofort.
Ja – seit ich endlich raus bin, ist meine Wohnung wirklich rein!

Alles für dein Auto im fabrikneuen
OTTI-KATALOG

Liebe Autofreunde, kaum war er weg, schon ist er wieder da: der neue Otti-Katalog. Und er enthält wieder 1000 Ideen rund ums Auto, von denen ich aus Platzgründen leider 992 weglassen mußte. Aber der Rest hat's in sich! Hier zum Beispiel: Laß deinen vierrädrigen Freund nicht auf einem anonymen Autofriedhof verrotten, laß lieber Otti ran. Er bietet:

Hier ruht unser geliebter Sechszylinder BRUMMI
*1981 — +1984

AUTOBEGRÄBNIS ERSTER KLASSE mit abwaschbarem Autograbstein, abspielbarer Power-Trauer-Musik und austauschbarer Kranzgarnitur für den Schrottpreis von viel Geld in bar, zuzügl. Meerschweinchensteuer. Ist das ein Angebot? Nein? Dann leg ich noch eins drauf:

SCHERZSCHLAUCH für Auto- und Gartenwäsche. Selbst der dümmste Nachbar lacht, wenn Scherzschlauch spritzi-spritzi macht.

Das jedenfalls wünscht sich

Euer Otti

PS: Verachtet bitte auch die Angebote im Inneren meines Katalogs!

Ellbogenrheuma bye bye!
Mit Ottis ELLBOGENSCHÜTZER aus 100
Prozent naturbelassenen Niagarafellen.

*Hast du den Schützer angeschnallt,
wird weder Ell noch Bogen kalt.*

Langeweile ade!
Mit Ottis AUSSENZEITSCHRIFTENHAL-
TER aus nichtrastendem Eselstahl.
Windschlüpfrig, schlüpfrig, pornogete-
stet.

*Die Fahrt erscheint dir wie ein Fluch,
liest du derweil das Otto-Buch.*

Kfz-Brand auf Wiedersehn!
Mit Ottis RAUCHERFAHRERHELM.
Auch als Nichtraucherhelm lieferbar
(ohne Aschenbecher). Auch als
Aschenbecher lieferbar (dann ist aber
kein Helm mit bei).

*Wenn du beim Fahren ständig paffst,
wird's Zeit, daß du mein Helm anschaffst.*

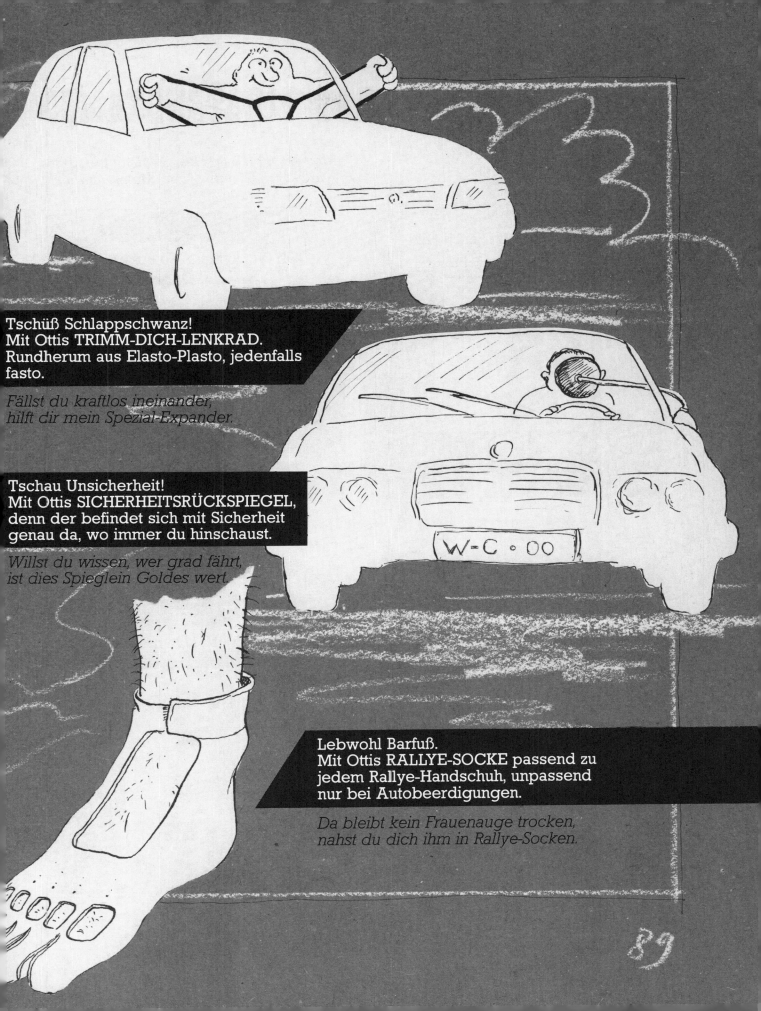

Tschüß Schlappschwanz!
Mit Ottis TRIMM-DICH-LENKRAD.
Rundherum aus Elasto-Plasto, jedenfalls
fasto.

Fällst du kraftlos ineinander,
hilft dir mein Spezial-Expander.

Tschau Unsicherheit!
Mit Ottis SICHERHEITSRÜCKSPIEGEL,
denn der befindet sich mit Sicherheit
genau da, wo immer du hinschaust.

Willst du wissen, wer grad fährt,
ist dies Spieglein Goldes wert.

Lebwohl Barfuß.
Mit Ottis RALLYE-SOCKE passend zu
jedem Rallye-Handschuh, unpassend
nur bei Autobeerdigungen.

Da bleibt kein Frauenauge trocken,
nahst du dich ihm in Rallye-Socken.

89

DAS PIRATENEXAMEN

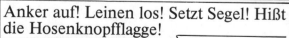

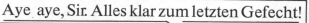

91

Mann! Es kommt zum Zweikampf!

Ah so! Ja, den schau ich mir natürlich an – da kann ich ja eventuell noch was lernen.

Sie haben nichts gelernt! Sie werden nichts mehr lernen! Und Pirat werden Sie auch nicht. Sie sind durchgefallen!

Och, wie gemein. Das können Sie mir doch nicht antun.

Mir! Man nennt mich das Scharlachrote Korsett! Den Schwarzen Freibeutel! Den Schrecken der sieben Meerschweinchen!

Wer nennt Sie so?

Ich nenne mich so – obwohl ich zugeben muß, daß eins von meinen sieben Meerschweinchen irgendwie nicht so richtig Angst vor mir hat. Das guckt mich immer so frech an, wenn es mich unter den Tisch gejagt hat, ungefähr so…

92

Nr.007   Juhuli

cinemax

FRIESLANDS GRÖSSTE FILMZEITSCHRIFT

EIN TRITT
FREI

Der neue James Blond:
„DU LACHST NUR DREIMAL"

Du lachst nur dreimal

Vor dem Auftrag:
Vom Sprudel ganz zerrüttettet –
James Blond ist Otto Waalkes.

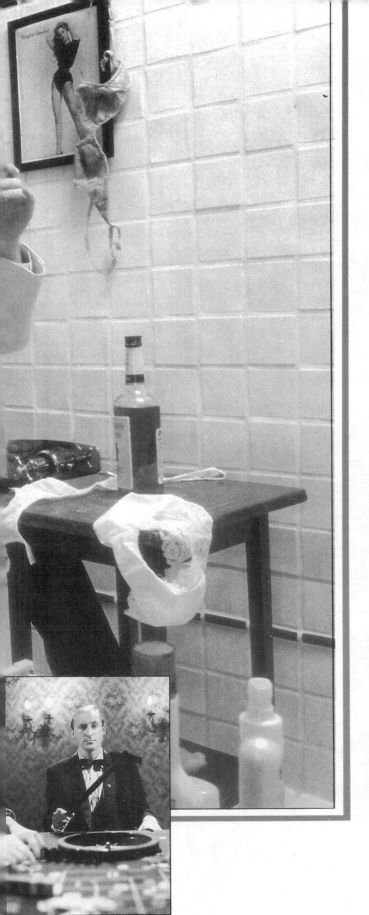

Ein Cheerio der Gemütlichkeit!
James Blond fühlt sich als Untermieter oberwohl.
Auch wenn mehr als 23 Damenbesuche streng verboten sind.
Nach 22 Uhr.

Nach dem Auftrag:
Mit Alkohol gerettettet –
Otto Waalkes ist James Blond.

Da ist er also, der neue Blond. Nach „007 jagt Dr. Nowottny", „Diebesgrüße aus Moskau" und „Sag niemals mals" heißt es nun „Du lachst nur dreimal". Dreimal so hart, viermal so smart und doch nur fünfmal so teuer wie alle seine Vorgänger. Selten hat ein Film schon vor Drehbeginn weniger Schlagzeilen und mehr Schwierigkeiten gemacht. Denn von den bisherigen Blond-Darstellern Roger Moore und Sean Connery hagelte es Absagen: von „Ich bin doch nicht blöd" (Moore) bis „Ich bin zu feige" (Connery). Produzent Jack Schwatzmaus sagt deutlich, was er von solchen faulen Ausreden hält: „Natürlich ist Moore blöd genug. Aber Connery ist doch nicht feige – er hat einfach nur Schiß gehabt." Schiß vor den gemeingefährlichen Aufnahmen, die diesen Film hoffentlich einmalig machen.

Für die Hauptrolle gab es also nur einen Mann, den coolen Blonden aus dem hohen Norden: Otto Waalkes. Produzent Schwatzmaus: „Wer den Mut hat, mit seinen Scherzen ganz allein im Deutschen Fernsehen aufzutreten, der wird auch diesen Film überleben und den Fall lösen."
Der Fall ist kompliziert: James Blond, ehemals 007, ist degradiert worden, weil er der englischen Königstochter nachgepfiffen hat. Er darf sich hinfort nur noch 00 nennen. Das hat unangenehme Folgen: Dauernd wollen alle möglichen Leute bei ihm austreten. So lebt er zurückgezogen unter dem Namen „Besetzt" in einem kleinen Badezimmer im Londoner Untergrund.
Dr. Dofeld, Blonds bester Erzfeind, erpreßt derweil die englische Königin mit der Drohung, die Nordsee trockenzulegen: „Ich ziehe einfach den Stöpsel raus und lasse das ganze Badewasser vor der englischen Küste ablaufen, wenn ich nicht die Königstochter zur Frau bekomme und das halbe Königreich dazu."
Im Buckingham-Palast nimmt man Dofelds Drohung zunächst nicht ernst, aber als gegen 18 Uhr das Meer tatsächlich zurückgeht, ist die Königin

Trouble ohne Double!
Dies sind nur drei der vier gefährlichen Stunts im neuen James Blond.

Otto Waalkes alias James Blond parkt eigenhändig seinen Schlitten direkt im berüchtigten Halteverbot schräg gegenüber von Casey's Kuchenparadies.

Otto Waalkes alias James Blond überquert eigenfüßig den gefürchteten Zebrastreifen, der direkt zu Casey's Kuchenparadies führt.

Otto Waalkes alias James Blond verzehrt eigentümlich langsam Casey's berühmten Marmorkuchen in Casey's Kuchenparadies.

bereit, Dofelds Forderungen wenigstens zum Teil zu erfüllen: „Das halbe Königreich kann er haben – aber meine Tochter nicht. Wo kämen wir denn da hin?! Wenn ich jedem billigen Erpresser meine Tochter zur Frau gäbe, hätte ich ja bald keine Tochter mehr." Außerdem ist die Prinzessin mit ihrem treuen Pferd Charlie gründlich verheiratet.

Dofeld bleibt hart. Er ist mit dem Kompromiß nicht zufrieden und setzt eine Frist bis zum nächsten Sonnenuntergang.

Englands Insellage ist gefährdet. Ein Wettlauf mit der Zeit beginnt. Nur einer kann hier helfen. Und der Blond-Fan weiß auch, wer: James Blond. Aber wo steckt er? Hektische Telefonate ergeben, daß er bei keiner seiner 24 Freundinnen zu erreichen ist. Das kann nur eines bedeuten: Blond ist zuhause, und all seine 24 Freundinnen sind bei ihm.

Als M, der Chef des Geheimdienstes, bei Blond eintrifft, ist keine seiner 24 Freundinnen zu sehen. Ein meisterhafter Trick: Alle haben sich versteckt. M erklärt Blond die Situation. Doch Blond hat keine Lust, den Auftrag zu übernehmen. Er findet es sogar noch praktisch, wenn das Nordseewasser abgelassen wird: „Dann können ja endlich die kleinen Französinnen trockenen Fußes zu mir kommen. Olala!"
M kontert eiskalt: „Und die ganzen großen Franzosen auch."
„Auch Alain Delon und Jean Paul Belmondo?"
„Ja, die auch."
„Oje, oje." Blond erkennt die Gefahr für sich und seine 24 Freundinnen. Er übernimmt den Fall. M gibt ihm drei Geheimwaffen mit auf den Weg: einen Füllfederhalter, dessen Tinte sofort sichtbar wird, wenn man damit schreibt; einen atomgetriebenen Dackel, der immer schon zwei Stunden früher wieder daheim ist als sein Herrchen; und eine dritte Waffe, die aber so geheim ist, daß Blond den Umschlag, in dem sie steckt, selbst erst im äußersten Notfall öffnen darf.
Die Jagd nach Dofeld kann beginnen. Aber wo? Blond geht nach seiner bewährten Methode vor: Zunächst einmal nachschauen, wo er überall nicht ist

Blond und sein Dackel sausen um die Welt. Aus den schönsten Telefonzellen ruft er in der Heimat an, um seine raffiniert verschlüsselte Mißerfolgs-Meldung durchzugeben: „Hier ist er nicht." Das bedeutet für die Zentrale: „Er muß woanders sein."

Wo nur, wo? Ziemlich entmutigt zieht sich Blond zum Nachdenken in ein überfülltes Casino zurück. Und wie er so nachdenkt, hört er plötzlich eine Stimme, die also singt:

„Wir haben es getrieben,
zu zweit auf Boje Sieben,
dort wo im Meer der Stöpsel schwamm
und Dofeld meine Möpsel tramm …"

Elektrisch rasiert springt Blond auf die Bühne und zwingt die Sängerin mit vorgehaltenem Füllfederhalter, ihm den rätselhaften Reim zu erklären: „Wieso denn tramm – und nicht trimmte?"

„Es heißt doch auch schwamm und nicht schwimmte."

„Stammt", muß Blond zugeben, „bzw. simmt."

„Dann halten Sie doch den Rind – bzw. Rand, Sie Rind." Man beschließt, die grammatikalischen Probleme unter vier Kissen zu klären.

Das ist natürlich nur ein Vorwand. Denn in Wirklichkeit will Mörder-Mausi – und niemand anderes als Dofelds Lieblings-Geliebte ist die angebliche Sängerin – Blond während des Liebesspiels ein wenig umbringen. Doch die mörderische Mausi begeht einen verhängnisvollen Fehler: Sie verwechselt das Vorspiel mit dem Nachspiel und schläft sofort ein.

Gelegenheit für Blond, in aller Ruhe nach ihren Möpseln zu suchen. Dabei macht er in Kniehöhe eine grausige Entdeckung: Die linke Kniekehle ist leer. Doch in der rechten findet er eine frische Tätowierung: eine detaillierte Karte der Nordsee mit einem Kreuz in der Gegend von Norderney und folgender Inschrift: „Wenn Du an diesem Stöpsel ziehst, bewirkst Du, daß das Meer abfließt."

Produzent Jack Schwatzmaus:
Er lacht zuletzt.
Denn abgerechnet wird nach Drehschluß.

Blond handelt prompt. Er schläft nochmal so richtig aus, und schon am nächsten Abend sehen wir ihn als englische Königstochter verkleidet im königlichen Prachtkanu auf Heulboje Sieben zupaddeln.

Und wir sehen Dofeld, der im Licht der untergehenden Sonne – toll, wie die Filmtechniker es geschafft haben, die Sonne genau zum richtigen Zeitpunkt zum Untergehen zu bringen – Dofeld hat die Hand schon am Stöpsel. Doch der Anblick der angeblichen Königstochter läßt ihn zögern. „Und wo ist mein halbes Inselreich?" fragt er.

Vergessen! Siedendheiß fällt es Blond ein. Vergessen! Aber gleichzeitig fällt ihm seine Geheimwaffe wieder ein. Dofeld zieht schon am Stöpsel. Blond zieht den Umschlag. Im ersten Moment erschrickt er selbst über das, was er jetzt in der Hand hält: die drei tödlichsten Ostfriesenwitze aller Zeiten.

Schon schießt Blond den ersten Witz ab: „Wieviele Ostfriesen braucht es, um das Licht auszumachen?… Einen. Er betätigt den hierfür vorgesehenen Schalter."

Dofeld kämpft verzweifelt mit Lachen und Stöpsel. Da trifft ihn schon Blonds zweiter Witz. „Warum ist es in Ostfriesland nachts so dunkel? Weil die Ostfriesen in der Regel vor dem Schlafengehen das Licht ausmachen."

Vor Lachen muß Dofeld den Stöpsel loslassen. Mit beiden Händen greift er sich an den Kopf. Doch er kann sich die Ohren nicht mehr rechtzeitig zuhalten. Blonds Frage kommt:

„Was macht der Ostfriese, wenn es dann morgens wieder hell wird?"

„Doch nicht etwa das Licht an?" röchelt es aus Dofeld. Dann zerreißt es ihn schier, und gurgelnd schluckt das Meer seine Einzelteile.

Blond hat es wieder einmal geschafft: England sowie der Rest der westlichen Welt sind gerettet.

Aber zuhause wird Blond schon erwartet, nicht bloß von seinem atomgetriebenen Dakkel, der ihn strahlend anknurrt, sondern auch von zwei französischen Herren. Und ach: Jean Paul Belmondo und Alain Delon haben seine Abwesenheit und seine Badewanne dazu benutzt, sich bei einem munteren Möpsel-Stöpsel-Spiel mit seinen 24 Freundinnen zu trimmen.

Wie sie das geschafft haben: „Immer dem Dackel nach."

„Das kann doch nicht stammen", stimmelt Blond und übergibt sich mit diesen Worten der Kritik.

Cinemax meint: Meisterhaft. Mindestens sieben Jahre.

MAD MÄXCHEN

Die Lollivorräte der Erde sind verbraucht. Nur ein einziger Dauerlutscher ist noch übrig. Ein gnadenloser Kampf entbrennt. Und Mäd Mäxchen holt mehr aus seinem Dreirad raus als je drin war.

3. WOCHE

MOPED KINO

Geöffnet von 10–24 Uhr.

Nur für Erwachsene

TICKETS PER POST telefonischer Kartenvorverkauf

EIERBRUCH

SCHLÜSSELLOCH 3

9–24 Uhr

Er ist mit Leib und Seife bei der Sache:

Emanuel.

Wehe wenn das Handtuch fällt.

Horst Hacker ist der echte Emanuel.

36. WOCHE Wie lange noch?

...ngt dieser Film erst an:

SAMSTAG DER 14.

2. WOCHE

Mausoleum

13.15, 15.45, 18.15, 20.45 Uhr

Sonntag, 11.00 Uhr, Matinee: DER TAG DANACH

Blutvergießen ist eine Sache. Aber der Beim schwache Putzfrauen.

Nichts für nervenschwache.

Dr. Frankenstein JAGT BUSSI-BÄR

Schlabber-Orgien im Spuck-Schloß (Einlaß nur mit Lätzchen).

Jugendkino CINEMAUS

Neu bei uns! **2. WOCHE**

15.45, 18.15, 20.45 Uhr Freitag/Samstag auch 23 Uhr

Eintritt DM 8.– incl. 2 Getränke

SCHLÜSSELLOCH 2

An seinem 80. Geburtstag macht Opa eine tolle Entdeckung: Den Sex!

Scheiß am Stiel

(Folge 66)

Das ganze Kino rennt und flieht, wenn Opa erstmals Möpse sieht!

Ab 44 Jahre

2. WOCHE

Unterm Strich ist das exzellenteste Kino-Mordvergnügen. (Liberation)

SCHLÜSSELLOCH 1

Non-stop-Einlaß

Sein Pinsel steht immer!

Monsier Olala zeigt ALLES

aus 2000 Jahren abendländischer Ölmalerei.

In 4-Kanal- DOLBY STEREO Super-Sound

Der größte Publikums-erfolg seit Jahren in Italien

Wir befinden uns hier auf Seite 100.

Ich habe Sie bisher ungehindert in diesem meinem Buch lesen lassen.
Wie finden Sie das? Toll? Toller? Tolerant?
Jawohl, tolerant ist richtig. Aber jetzt reicht's!
Nun möchte ich nämlich wissen, wie tolerant S i e sind.
Alles hört auf mein Kommando und macht folgenden

TOLERANZ-TEST

	Ja	Selbstver-ständlich	Sowieso
1. Können Sie sich gut zuhören?	☐	☐	☐
2. Empört es Sie, wenn ein anderer Ihrer Meinung ist und diese auch offen äußert?	☐	☐	☐
3. Gesetzt den Fall, Sie sind Neger. Würden Sie sich auch dann noch bei Ihnen wohnen lassen?	☐	☐	☐
4. Können Sie auch mal ein wenig Lob vertragen?	☐	☐	☐
5. Sind Sie in der Lage, auch auf Kosten anderer herzlich zu lachen?	☐	☐	☐
6. Angenommen, Sie sind in der Eisenbahn und der für Sie reservierte Platz ist frei. Rufen Sie nun gleich nach dem Schaffner oder drücken Sie schon mal ein Auge zu?	☐	☐	☐
7. Folgende Situation: Sie sind zwar kein Fußball-Fan, aber im 1. Programm läuft zufällig die Wiederholung eines völlig bedeutungslosen Zweitligaspiels. Ihre Freundin besitzt außer dem Fernseher auch noch eine Modeboutique und im 2. Programm läuft gleichzeitig die mit Spannung erwartete Vorstellung der neuesten Pariser Frühjahrsmode. Lassen Sie es zu, daß Ihre Partnerin sich das ganze Fußballspiel in voller Länge mitanschauen darf – vorausgesetzt natürlich, sie verhält sich mucksmäuschenstill, sorgt für Getränke und verkürzt Ihnen die Halbzeitpause mit einem gekonnten Schleiertanz?	☐	☐	☐

Haben Sie 7 mal Ja, Selbstverständlich oder Sowieso gesagt? Tatsächlich? Gratuliere!
Ich hätte schwören können, daß Sie diesen gnadenlosen Test nicht bestehen.

..und ich hätte gern die Telefonnummer von der Freundin da!

Nervös? Angespannt? Gestreßt?

Dagegen gibt es jetzt ein Mittel.

Das hier ...

Wir wissen nicht, was dieser freundliche Hysteriker empfiehlt.
Wir empfehlen

EGAL

Und für ganz besonders hartnäckige Fälle

SCHEISSEGAL

Der Ganz-Ganz-Ruhigmacher mit dem Rutsch-mir-doch-Effekt
und dem Leck-mich-doch-Faktor. Natürlich aus dem Hause

DU MICH AUCH

Herr Minister, Ihnen wird der Vorwurf gemacht, Sie hätten silberne Löffel gestohlen. Was sagen Sie zu dieser Beschuldigung?

Das ist eine sehr gute Frage, Herr Nowasnoch. Aber diese Frage läßt sich nicht aus dem internationalen Kontext herauslösen. Solange die globale Versorgung der Weltbevölkerung mit Nahrungsmitteln nicht gesichert ist, heißt es doch, das Pferd am Schwanz aufzäumen – Sie werden mir diesen Vergleich gestatten, Herr Nowasnoch –, wenn man sich jetzt schon Gedanken über die Form der Nahrungsaufnahme – sei es mit Gabeln, Messern oder meinetwegen auch Löffeln – machen wollte.

Aber es geht doch darum, daß Sie silberne Löffel gestohlen haben sollen, Herr Minister.

Ich glaube nicht, Herr Nowasnoch, daß man ein gesellschaftliches Problem in dieser Weise personalisieren kann. Schließlich geht es nicht um mich alleine, sondern um alle Deutschen. Niemand will und niemand soll Suppe mit der Hand essen. Und niemand ißt bei uns die Suppe mit der Hand; gerade in dieser Beziehung brauchen wir einen internationalen Vergleich nicht zu scheuen. Das werden Sie doch wohl bestätigen müssen, Herr Nowasnoch.

Herr Minister – haben Sie nun silberne Löffel gestohlen, ja oder nein?

Herr Nowasnoch, auf diese klare Frage will ich Ihnen eine ganz klare Antwort geben. Wie bereits der gewiß unverdächtige Ex-Kanzler Otto von Bismarck 1875 überzeugend feststellte, sind die Silbervorräte der Erde keineswegs unbegrenzt. Die Löffelindustrie und der Verbraucher – und mit dem Verbraucher meine ich auch den Konsumenten –, wir alle werden dieser technologischen Herausforderung nur mit Augenmaß und kühlem Kopf begegnen können.

Herr Minister, es gibt Augenzeugen und Beweise dafür, daß Sie wiederholt bei offiziellen Festbanketten silberne Löffel gestohlen haben.

Ich freue mich sehr, Herr Nowasnoch, daß Sie diese Frage stellen. Im Unterschied zum angelsächsischen Recht sieht ja unser Strafrecht bislang keine Straffreiheit für den Augenzeugen vor. Diese Dinge sind jedoch in der Diskussion. Ich selbst würde dazu tendieren – besonders angesichts der steigenden Diebstahlsdelikte – das Problem generell zu versachlichen.

Herr Minister! Was haben Sie denn da im

Ärmel? Das ist doch eindeutig ein silberner Löffel!

Ja und? Und was ist das hier in meiner Tasche, Herr Nowasnoch?

Äh… auch ein silberner Löffel.

Und hier… und hier… und hier?

Silberne Löffel.

Na bitte, ich freue mich, Herr Nowasnoch, daß wir wenigstens in diesem Punkt einer Meinung sind! Denn, Herr Nowasnoch, ich sehe in dieser Übereinstimmung einen sehr überzeugenden Beweis dafür, daß das Wort von der Gemeinsamkeit aller Demokraten keine leere Formel ist. Solange man in diesem Lande einen Löffel noch einen Löffel nennen darf, wird man ja wohl noch in aller Öffentlichkeit einen Löffel einen Löffel nennen dürfen, Herr Nowasnoch!

AUS DER JUTEN ALTEN ZEIT

Leutnant Zitzewitz auf Brautwerbung.

Verehrte jnädije Frau, verehrter Herr Baron, erlaube mir, in aller Form um die verehrte Hand von Ihrem verehrten Fräulein Tochter anzuhalten. Möchte aus diesem Anlaß jewissermaßen durch die Blume, also dies Jemüse für mir reden lassen:

Hier, erstens: Verjißmeinnicht. Klarer Fall: Aufforderung an det Fräulein Tochter, mir nicht aus det werte Jedächtnis zu verlieren.

Als nächstet: Dahlijen. Soll heißen: Da liejen meine tiefsten Jefühle in punkto Fräulein Tochter drin verborjen.

Und hier dies Jetreide: Det ist der Hafer der Ehe, in welchen ick jerne mit Ihren Fräulein Tochter einzulaufen jedenke.

Übrijens: der Klee. Versinnbildlicht wat Kleenet, wat ick hoffe, Ihnen baldmöglichst auf det sprichwörtliche Knie lejen zu können zu dürfen – äh…

Wenn ick jetzt mal den Baumstumpf überreichen dürfte. Also der soll zum Ausdruck bringen, wie stumpf mir det Leben ohne Ihr jeschätztes Fräulein Tochter erscheint, jelinde jesagt. Habe aus diesem kühlen Jrunde auch den Stumpf einer Linde jewählt.

Ach, und die hätte ick jetzt beinahe verjessen: Wicken. Die bedeuten: Ick möchte Ihr Fräulein Tochter jerne heiraten.

Fietje-Liedche

Dies kleine Liedche
von Hein und Fietje
hab ich geschrieben
von vier bis sieben –

d. h. von vier bis halb fünf war ich noch
beim Zahnarzt, und danach durfte ich ja eine
Stunde nichts essen, und dann war's auch
schon halb sechs – und dann mußte ich natürlich was essen, weil ich doch beim Zahnarzt gewesen war und man danach eine
Stunde lang nichts essen darf – und als ich
schließlich was gegessen hatte, da war's
schon viertel nach sechs und wer nicht da
war, war mein Kuli – den habe ich dann eine
geschlagene Viertelstunde lang gesucht, und
dann habe ich ihn eine Viertelstunde lang
geschlagen, weil er doch nicht dagewesen
war, als ich ihn so gebraucht hatte – nach
dem Essen, das sich doch so verspätet hatte,
weil ich doch beim Zahnarzt gewesen war
und man danach eine Stunde lang nichts essen darf – Nun ja, und nachdem ich den Kuli
geschlagen hatte, war es schon viertel vor
sieben, und da hab ich's dann geschrieben:

Das kleine Liedche
von Hein und Fietje
hab ich geschrieben
von viertel vor sieben bis sieben

ja – und das war's eigentlich auch schon.
Mehr kann man in einer Viertelstunde echt
nicht komponieren. Denn um sieben mußte
ich ja schon weg, um rechtzeitig hier zu sein
– und da bin ich ja nun auch: mit meinem
Liedche von Hein und Fietje – tja – das ist
auch schon alles – was hatten Sie denn erwartet? Eine Oper? Da hätte ich aber nicht
um fünf zum Zahnarzt gehen dürfen – und
ohne meine neuen Zähne hätte es sich doch
nicht halb so schön angehört:

Mein kleines Liedche
von Hein und Fietje,
das ich geschrieben
von viertel vor sieben bis sieben . . .

DAS JUMBOSS EXPERIMENT

PROJEKT:

Beschaffung von Arbeitssklaven zur Ausführung niederer Tätigkeiten auf unserem
geliebten Heimatplaneten Groß Ohrion.

PROJEKTLEITER:

Rüssl 12, Kommandant des Raumkreuzers
„Jumboss", unterwegs zu ausgewählten
Zielplaneten im Sonnensystem Gamma.
(SIEHE BILDDOKUMENT A)

ZIELPLANET:

„Erde", bevölkert von 3 – 4 Milliarden Erdlin-
gen bisher unbestimmter Intelligenz. (BILD-
DOKUMENT B)

BESONDERE KENNZEICHEN:

Erdlinge wohnen zum überwiegenden Teil
in außergewöhnlich häßlichen Behausun-
gen, die offenbar planlos in eine anson-
sten ansehnliche Gesamtlandschaft gebaut sind. (BILDDOKUMENT C)

Ernähren sich zum übergewichtigen Teil
von Speisen, die verdächtige Ähnlichkeit
mit ihren Ausscheidungen zeigen. (BILD-
DOKUMENT D)

Wir wählten aufgrund dieser ungünstigen
Voraussetzungen niedrigste Versuchs-
schwierigkeit Null.

VERSUCHSPERSON:

Otto W. wurde ausgewählt, da er unter seinesgleichen besonders beliebt ist. Bietet insofern Gewähr dafür, daß Intelligenzleistung eher überdurchschnittlich. Besondere Kennzeichen wahrscheinlich männlich. (BILDDOKUMENT E)

VERSUCHSANORDNUNG NULL:

Der Versuchsperson O. wird der Schlüssel zu seiner Haustür (a) dematerialisiert. Durch Öffnen des Fensters (b) und Bereitstellen einer Leiter (c) wird O. der Einstieg in sein Haus ermöglicht, vorausgesetzt, daß ihm seine Intelligenz erlaubt, die einzig richtige Beziehung zwischen b und c herzustellen. (VERGLEICHE PLANSKIZZE F)

VERSUCHSVERLAUF:

Die Versuchsperson O. hat beim Nachhausekommen das Verschwinden seines Hausschlüssels festgestellt. Da auf sein Klingeln an der Haustür (a) niemand öffnet, beginnt er, gegen das verschlossene Fenster (d) zu klopfen und seinen eigenen Namen zu rufen (mehrmals!). Entdeckt endlich die bereitgestellte Leiter (c), was längeren Denkprozeß auslöst. Ergreift nach 34,5 Minuten Leiter (c). Begibt sich damit jedoch nicht zu geöffnetem Fenster (b), sondern zu geschlossenem Fenster (d). Benutzt c als Schlag- bzw. Rammwerkzeug gegen d. Gelangt auf diese Weise in sein Haus, nicht ohne sich beim Einstieg durch d zahlreiche Verletzungen zuzuziehen. Scheint trotzdem höchst zufrieden mit sich. Versuch abgebrochen.

ERGEBNIS:

Da es sich bei O., wie schon erwähnt, um einen überdurchschnittlich begabten Erdling handeln muß, darf davon ausgegangen werden, daß gesamte Erdbevölke-

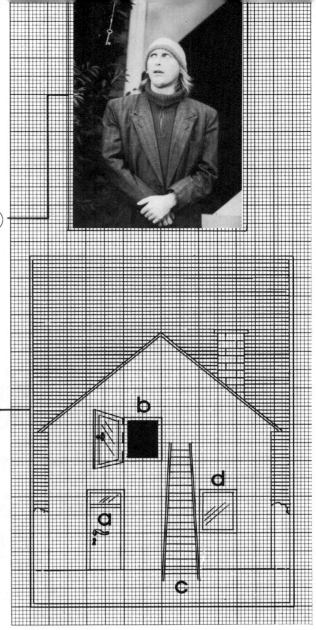

rung selbst zur Ausführung denkbar einfacher Sklavenarbeiten NICHT geeignet ist. Empfehlen dringend davon abzusehen, Bevölkerung des Planeten Erde auf unseren geliebten Heimatplaneten „Groß Ohrion" hinaufzubeamen. Die sollen bloß bleiben, wo sie sind. gez. Rüssl 12, Kommandant.

Sollte mich nicht wundern, wenn der Obertrottel jetzt auch noch behauptet, die Menscheit vor der Versklavung durch außerirdische Intelligenzen gerettet zu haben....

Ruhe im Gerichtssaal! Herr Zeuge, erkennen Sie den Fahrer des Fluchtwagens? Ist er im Gerichtssaal anwesend?

Jawohl, Herr Richter. Obgleich er durch ein keckes Hütlein auf dem Kopfe sich getarnt, erkenn' ich ihn sofort.

Nun, wer ist es?

Wer fragt isses selber! Hahaha!

Also, Moment mal, Herr Zeuge: Ich bin der Richter.

Ach ja, natürlich! Jetzt erkenn' ich Sie! Verzeiht! Aber, wissen Sie, ich habe schlecht geschlafen, da nehm' ich alles nur so gedrungen wahr… Indes, der Mörder ist im Saal – wer mag es sein? Ich rate mal! Der da?

Das ist der Herr Staatsanwalt, zum Donnerwetter!

Ein Staranwalt! Ist er gekommen, mich ins Kreuzverhör zu nehmen? Zu gütig, Maître Mops.

Herr Zeuge, wenn Sie schon den Fahrer nicht identifizieren können, haben Sie dann wenigstens das Fluchtauto gesehen?

Flüchtig, Herr Rittmeister, wie schon der Name sagt…

Und? Haben Sie die Automarke erkannt?

Aber nein, Herr Richtkanonier, das Fahrzeug war maskiert. Durch Nummernschilder vorn und hinten so gut wie unkenntlich ge- macht. Außerdem hab' ich kein optisches Gedächtnis, sondern ein mehr akustisches… An das Geräusch erinnere ich mich bestens: Wrrrumm, wrrrumm…

Was ist denn das?

So macht mein Toaster immer, wenn er vor den kalten Weißbrotscheiben flieht: wrrrumm-wrrrumm…

Ach, Herr Zeuge, das ist ja nicht zum Aushalten mit Ihnen! Wissen Sie wenigstens noch, wohin das Auto fuhr?

Wohin? Halt, warten Sie! Ich stand mit beiden Füßen in Richtung Erdmittelpunkt und sah, mit beiden Augen in Blickrichtung, immer der Nase nach – die Nase aber lief… Wohin? Mein Gott, wohin lief die Nase bloß? Jetzt habe ich mich doch noch im Gestrüpp ihrer Fangfragen verheddert!

Herr Zeuge! Das ist ja zum Verzweifeln mit Ihnen!

Mir mir? Oja! Verzweifeln wir! Wir beide ganz allein! Schicken Sie all die andern häßlichen Leute hier hinaus! Und dann…

Herr Zeuge! Jetzt beleidigen Sie das Gericht!

Das mach ich nicht.

Das tun Sie doch!

Na gut, wenn Sie darauf bestehen, mach' ich es: Das Gericht ist doof. Reicht das?

Das reicht! Raus!

VOR DEM GESETZ

Fernseh-Bauernregeln

Früher haben die Bauern wenig ferngesehen.
Und deshalb gab es auch nur eine Bauernregel, die hieß:

Ist der Köpcke kalt und trocken,
wird er wohl im Freien hocken.

Heute aber, wo die Bauern mehr fernsehen,
gibt es auch mehr Bauernregeln,
die ohne das regelmäßige Fernsehen kaum denkbar wären.
Ich hätte sie mir jedenfalls ohne nicht ausdenken können:

Rennt der Bauer nachts zum Pflug,
kommentiert Ernst Dieter Lueg.

Schwingt die Bäuerin sich aufs Radl,
flieht sie vorm Komödienstadl.

Steigt der Esel auf das Muli,
steigt im Fernseh'n was mit Kuli.

Rauft der Esel sich den Mecki,
kommt gleich eine Show mit Blacki.

Daß die Kühe Ferkel kriegen,
muß an Dalli Dalli liegen.

Wird die Milch im Euter schal,
liegt's an Gerhard Löwenthal.

Kriegt der Bauer einen Schock,
singt Heinz Schenk im Blauen Bock.

Ruft der Bauer seine Sauen,
müssen sie Was bin ich schauen.

Schlägt der Bauer seine Weiber,
meint er Caroline Reiber.

Holt er auch noch seinen Hahn,
gibt's bestimmt den Denver Clan.

Kriegt die Bäurin einen Schreck,
liegt's an Dieter Thomas Heck.

Weil der Bauer ständig döst,
bleibt XY ungelöst.

Bauer, Bäurin, Tiere pennen,
weil sie ihren Derrick kennen.

Ist der Bauer bauernschlau
meidet er die Otto-Schau.

WARUM MAG GABI PETER NICHTS INS OHR SAGEN?

Dazu meint der Ohrenarzt:

„Peter leidet unter Ohrgeruch. Doch dagegen gibt es jetzt ein Mittel: Doktor Millers Muschelmehl. Doktor Millers Muschelmehl wird **direkt** in die Ohrmuschel geblasen und bekämpft von dort aus Harthörigkeit, Weithörigkeit, Kurzhörigkeit, sowie Hörigkeit überhaupt und beseitigt **so** den lästigen Ohrgeruch **sofort**."

Merke: **Mit Muschelmehl in beiden Ohren, kannst du auch Zwischentöne horen.**

NAME: Otti

KLASSE: Hab ich sowieso

Hausaufsatz

Mein schönstes Ferienerlebnis

In diesem Sommer war ich mit meinen Eltern in Schpanien. Es hat uns gut gefallen. Vati ist nach der Weinprobe vom Esel gefallen. Mutti wollte diesen Esel gleich adoptieren. Aber Vati hat gesagt: „Wir haben doch schon unsern Otti!" Da mußten wir alle sehr lachen. Am besten hat mir gefallen, daß die Spahnier sehr viel für den Tierschutz tun. Sie machen richtige Verbrüderungsfeste mit den Tieren. Sie haben dafür so eine Art Halle, aber im Freien und mit ohne Dach. Dort strömen Tausende von fröhlichen Spaaniern zusammen, um den Tieren zuzujubeln. Als wir da waren, kam erst ein großer, schwarzer Stier herein. Und dann kamen Menschen auf Pferden, die wollten dem Stier bunte Stangen schenken. Aber er wollte sie nicht. Er hat immer so mit dem Kopf geschüttelt. Dann kam ein festlich gekleideter Tänzer, der ist immer so um den Stier herumgetanzt und hat ihm Luft zugefächelt mit einem Tuch. Das ist wegen der Hitze in Spaniehn, die ist nicht gut für die Tiere. Der Stier hat dazu so lustige Sprünge gemacht, und plötzlich

Spanien

Spanier

Spaniern

Spanien

ist der Tänzer leider gestolpert und ist mit seinem Stock auf den Stier draufgefallen. Da hat der Stier natürlich keine Lust mehr gehabt zum (t) Tanzen. Richtig beleidigt hat er sich hingelegt und wollte überhaupt nicht mehr aufstehen. Bei uns wären die Menschen sicher entrüstet gewesen über so eigensinnige Tiere, aber die Spaniär gar nicht. Die haben gejubelt ~~Spanier~~ und gelacht. Und sie haben den Stier sogar in den Schatten gezogen, damit er da ausruhen kann. Und dann ist auch gleich ein anderer Stier auf die Tanzfläche gelassen worden. Und da hat Vati die Mutti gefragt, ob sie nicht auch mal mit dem Stier tanzen wollte. Da ist Mutti böse geworden und hat angefangen, Vati zu verprügeln. Da haben alle ~~Spanner~~ olé gerufen. ~~Spanier~~

Das war mein schönstes Ferienerlebnis in ~~Portugal~~. Spanien!!!

2-3 Schläge auf den Hinterkopf dieses Schülers könnten nicht schaden.

Knoorke, OSt. Dir.

NEIN, DIESE KINDER!

Ich singe Ihnen jetzt das Lied von dem ver-
liebten Lokomotivführer: „Love me ten-
der!" Aber vorher muß ich Ihnen noch was
erzählen: Also neulich, wie ich gerade meine Schuhe zubinden will, da hab ich mich
gebückt – und was soll ich Ihnen sagen: Da
hatte ich überhaupt keine Schuhe an! Ja,
und da hab ich mir gedacht: Wo ich schon
mal hier unten bin, da zieh ich mir doch
wenigstens die Socken hoch. Aber was soll
ich Ihnen sagen: Ich hatte überhaupt keine
Socken an! Ich greife zum Gürtel, um den
Sitz der Hose zu überprüfen – und hab doch
tatsächlich überhaupt keine Hose an. Ich
greife automatisch in die Jackentasche, um

mein Taschentuch rauszuholen – und was
muß ich feststellen: Ich habe gar kein
Taschentuch an! Ich habe noch nicht mal
eine Jacke an! In allerhöchster Not greif ich
zum Unterhemd, um wenigstens meine
Blöße zu bedecken – aber was soll ich Ihnen
sagen: Ich hatte gar kein Unterhemd an!
Des Rätsels Lösung – Sie kommen nicht
drauf – ich war nackt! Vollkommen nackt!
So wahr ich hier stehe. Ein Glück, daß mir
das in der Badewanne passiert ist, und nicht
in einer vollbesetzten Halle bei einem
öffentlichen Auftritt. Das hätte vielleicht
peinlich werden können. Uiuiuiui…

Liebe Leser,

damit Sie auch diesmal wieder sagen können:
„Bei Otto haben wir etwas gelernt!",
möchte ich Ihnen mal was erklären.
Heute ist ein historischer Vorgang dran,
nämlich eine berühmte

HERR HANNIBAL, HIERMIT ERKLÄRE ICH IHNEN DEN KRIEG!

ICH ERKLÄRE IHNEN DEN KRIEG!

DEN KRIEG! WIR MACHEN KRIEG!

MACHT NICHTS, ICH ERKLÄR'S IHNEN. WIR NEHMEN BOGEN…

NEIN! BOGEN UND PFEILE! WIR WOLLEN DOCH KRIEG MACHEN!

KRIEG! ALSO PASSEN SIE MAL AUF! SIE HABEN DOCH DIESE
ELEFANTEN… DIE KRIEGSELEFANTEN…

NEIN! IHR SOLLT MIT DENEN KÄMPFEN! ALSO IHR REITET
MIT EUREN ELEFANTEN LOS UND WIR MIT UNSEREN PFER-
DEN, UND DANN SCHLAGEN WIR UNS…

NEIN! NICHT DIE ELEFANTEN! UNS! WIR SCHLAGEN UNS! WIR
MACHEN KRIEG!

ABER ICH ERKLÄR'S IHNEN DOCH SCHON DIE GANZE ZEIT!
WIR GEHEN UND SCHLAGEN UND SCHIESSEN…

NEIN! KRIEG! WIE KANN MAN DENN NUR SO BLÖD SEIN!?

JA! BLÖDE!

JA! BRAVO! SCHLAGEN!

AUA! RÖMER! EUER FELDHERR IST GESCHLAGEN WORDEN!
ZU DEN WAFFEN! DAS BEDEUTET KRIEG!

**ÄRUNG**

Wir schreiben das Jahr 212 vor Christi Geburt.
Nur einen Steinwurf entfernt, liegen sich das römische
und das karthagische Heer gegenüber.
Im Glanz der untergehenden Sonne
schreitet der römische Feldherr Fabius Maximus Cunctator
auf den karthagischen Heerführer Hannibal zu…

Ise wase? Was sage du?

Erkläre wase?

Mache? Mache wase? Nix versteh!

Boxen?

Wase?

Ahh! Elefante! Große Tier! Schöne Tier! Wolle kaufe?

Schlage? Elefante schlage? Nix gut! Nix Elefante schlage!

Krieg? Was ise Krieg?

Und saufe und tanze und schöne Fraue – ise große Feste?

Iche blöde? Iche Hannibal blöde?

Du sage, iche blöde? Ich dich schlage!

Jawohl! Ich dich schlage in Fresse!

Bedeute wase? Iche nix versteh… Was ise Krieg?!

Wissen Sie übrigens, warum der Feldherr Feldherr heißt? Feldherr in den Graben, fressen ihn die Raben, hä, hä!

Telefonseelsorge

Hallo?

Hallo, hier ist die Telefonseelsorge. Alles in Ordnung?

Wie?

Hier ist die Telefonseelsorge. Wir rufen mal vorsichtshalber rund, ob jemand Selbstmordabsichten hat.

Was? Um 3 Uhr morgens?

Das ist genau die richtige Zeit für sowas. Da sind die meisten Leute gefährdet. Sie zum Beispiel! Sie haben doch offensichtlich Schlafstörungen.

So ein Quatsch.

Na hören Sie mal, andere Leute schlafen um diese Zeit und hängen nicht am Telefon rum.

Aber Sie haben mich doch angerufen.

Warum sprechen Sie so leise? Ich kann Sie kaum verstehen.

Es ist wegen meiner Frau. Ich will sie nicht wecken.

Ach. Haben Sie Geheimnisse vor Ihrer Frau? Es klappt wohl nicht so recht in Ihrer Ehe, wie?

Blödsinn. Natürlich klappt es.

Aber Sie haben sich nichts mehr zu sagen, oder? Still und stumm liegen Sie neben ihr im Bett. Verstehen Sie das unter klappen?

Es ist 3 Uhr morgens!

Ich weiß. Und während Ihre Frau schläft – notgedrungen, weil Sie ihr ja nichts zu sagen haben –, gehen Sie unruhig auf und ab, weil Ihre wirtschaftlichen Probleme Sie nicht schlafen lassen.

S i e   lassen mich nicht schlafen!

Ah, jetzt erregen Sie sich! Ein einfacher Telefonanruf erregt Sie, während Ihre Frau Sie schon seit Wochen kalt läßt. Sie haben offensichtlich einen Haufen Probleme: wirtschaftliche, sexuelle, gesundheitliche...

Ich bin bei bester Gesundheit!

So? Mit Schlaflosigkeit und Erregungszuständen? Bleiben Sie bitte ganz ruhig. Sie sind hochgradig selbstmordgefährdet. Merken Sie denn nicht, daß Sie am ganzen Leib zittern?

Ja, weil ich seit 5 Minuten im Pyjama auf dem Flur stehe.

Was suchen Sie denn auf dem Flur, um Gottes Willen? Haben Sie Schlaftabletten im Haus?

Weiß ich nicht. Die verwahrt meine Frau.

Dann wecken Sie Ihre Frau, Menschenskind! Sofort wecken! Sie soll die Schlaftabletten in Sicherheit bringen. Machen Sie doch keine Dummheiten jetzt! Überlegen Sie es sich noch mal. Das Leben kann so schön sein! Für Sie natürlich nicht, krank wie Sie sind, verzweifelt, depressiv, aber machen Sie sich keine Sorgen, ich rufe Sie später noch mal an. Jetzt muß ich Schluß machen, es ist schon ziemlich spät.

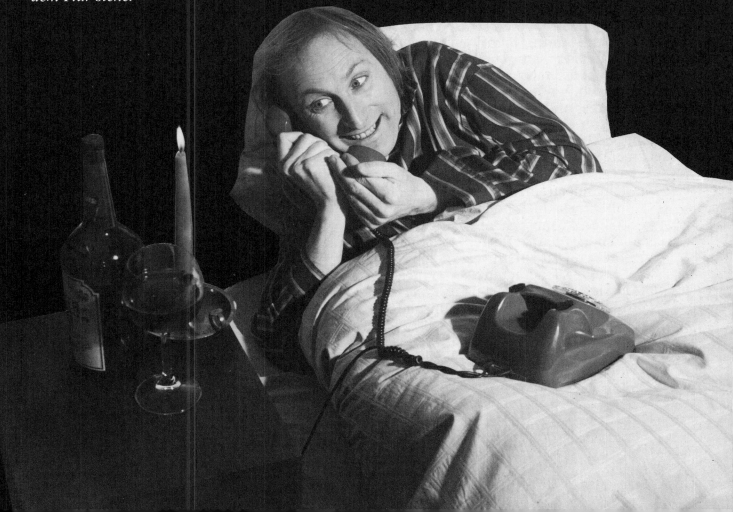

Das Wort zum Sex

Liebe Freunde,

ich werde immer wieder gefragt: Ist denn die Sexualität wirklich das Wichtigste im Leben? Nun ja, es gibt Situationen, bei denen ich sie mir nur schwerlich wegdenken kann. Bei der körperlichen Vereinigung zweier sich liebender Ehegatten beispielsweise, oder auch sonst... Aber hier fragt mich eine Mutter: Sex mit fünf, Fragezeichen – nein, nein, doch nicht mit fünf Fragezeichen! Sex mit fünf, fragt sie, muß das denn sein? Nun, meine Freunde, ich bin gewiß kein Mucker oder Spießer, aber ich sehe da doch Probleme. Erstens bringt man doch nie vier Frauen gleichzeitig zusammen. Eine – das lehrt uns die Lebenserfahrung – ist garantiert unpünktlich. Und – selbst wenn das Wunder geschähe, und es käme keine zu spät – was soll denn ein Fünfjähriger mit vier Frauen im Bett? Sogar zu einem zünftigen Mensch-ärgere-dich-nicht wäre dann immer noch eine zuviel. Und was sollten die fünf sonst miteinander treiben? Schließlich weiß unser Fünfjähriger doch noch gar nichts mit seiner ihm vom HErren aufgebrummten Schöpferkraft anzufangen. Selten reicht es zu mehr als zu einem verstohlenen Petting bei einem Kindergeburtstag – und auch das stellt sich oft genug nur als gestohlener Pudding heraus, bei näherem Hinsehen. Ach, meine lieben Freunde, Sex mit fünf? Was soll ich zu dieser Frage sagen? Vielleicht dieses: Ja, ja, und nochmals ja! Treibt es! Tut es! Bringt es! – Aber doch nicht mit fünf, ihr wollüstigen Ferkelchen!

Das Ottisorg-Theater präsentiert

zum zweiten
auf vierfachen Wunsch:

Das todsichere System
oder: Der Lottokönig

Schwank in einem Schwung

Es würgen mit:

Siegfried Klowitz	Lilo Niespulver	Marlon Brandy
als HEINZ,	als LOTTE,	als ANTON, DER
DER LOTTOKÖNIG	DIE LOTTOKÖNIGIN	ANGERUFENE

Die Weltpresse macht sich Gedanken
(allerdings nicht über dieses Stück):

„Ein rundum gelungener Theaterabend, an
dem rund um das Theater jede Würstchen-
bude gelungenere Unterhaltung zu bieten
hatte, als das hoffnungslos überforderte En-
semble."

WELT AM ZAHLTAG

„Ich habe dies Theater schon voller gesehen. Ich dies Theater schon leerer gesehen.
Aber so voller voller Leerer Lehrer habe ich
es auch schon mal gesehen. Das war allerdings zu der Zeit, als ich mich noch nüchtern reingetraut habe."

LEERER LEHRERZEITUNG

Wir befinden uns im Wohnzimmer der Familie Ehrlich. Frau Ehrlich streicht die vergilbten Blätter ihres Gummibaums frischgrün. Herr Ehrlich liest im milden Schein der Leselampe interessiert in seinem Personalausweis. Da ertönt eine Stimme aus dem Radio, und Herr Ehrlich ist mit einem Mal ganz Ohr ...

RADIO Zum Abschluß der Nachrichten gibt der deutsche Lottoblock die Gewinnzahlen des 37. Spieltages bekannt.

HEINZ Aha! Na endlich!

RADIO 6, 17, 38, 39, 42, 47, Zusatzzahl 12. Die Angaben erfolgten wie immer ohne Gewähr.

HEINZ *begeistert* Es hat geklappt! Es hat tatsächlich geklappt! Lotte! Es hat funktioniert!

LOTTE Was hat funktioniert?

HEINZ Unser System! Wir haben gewonnen, Lotte! Gewonnen!

LOTTE Wer wir?

HEINZ Anton und ich!

LOTTE Du und der Anton? Wo habt ihr überhaupt gespielt?

HEINZ Im Lotto! Im Lotto! Wir haben doch eine Lotto-Wettgemeinschaft gegründet!

LOTTE Wann?

HEINZ Vorgestern. Und heute, beim ersten Versuch mit unserem System ...

LOTTE Ihr habt ein System?

HEINZ Ein todsicheres System. Beweis: Bereits beim ersten Versuch sechs Richtige!

LOTTE Heinz – ihr habt sechs Richtige?

HEINZ Jawohl! Alle sechs Zahlen, die da eben im Radio genannt wurden, sind auf unserem Lottoschein dabei. Und die Zu-

satzzahl! Und die Zusatzzahl!

LOTTE Alle sechs! Bist du da auch ganz sicher, Heinz? Schau doch mal lieber auf dem Lotto-Zettel nach!

HEINZ Brauch ich nicht. Das System ist nämlich todsicher!

LOTTE Jetzt zeig mal den Zettel her, Heinz, das will ich sehen.

HEINZ *wühlt in seinen Taschen* Den Zettel ... Moment ... den hab ich hier ... in der Brusttasche ... ist er nicht ... in der Innentasche ... ist er auch nicht ...

LOTTE *aufgeregt* Ist der weg, Heinz?

HEINZ Ach hier! Ich hatte ihn als Lesezeichen in meinen Personalausweis gesteckt. Hier! Bitte: Alle sechs Zahlen sind dabei. Die 6, die 17, hier, und hier die 38 und ...

LOTTE Aber Heinz, da sind ja alle Zahlen angekreuzt!

HEINZ Sag ich doch! Alle Zahlen sind dabei, das heißt ca. 1,5 Millionen Mark durch zwei geteilt, das macht, das macht ... äh ... da kriegt jeder ...

LOTTE Gar nichts.

HEINZ Was? Wieso?

LOTTE Weil du alle Zahlen von 1 bis 49 angekreuzt hast. Alle Zahlen!

HEINZ Nein.

LOTTE Aber da sind doch alle Zahlen angekreuzt!

HEINZ Ja. Aber ich habe nur die Hälfte der Kreuzchen gemacht, von 1 bis 25. Die anderen hat der Anton angekreuzt. Das ist ja das gute bei einer Wettgemeinschaft: Man teilt sich nicht nur den Gewinn, sondern auch die Arbeit. Und wenn man dann noch nach einem System spielt, das alle denkbaren Risiken ausschaltet ...

LOTTE Also ein Risiko habt ihr sicher ausgeschaltet!

HEINZ Wieso?

LOTTE Das Risiko, daß ihr etwas gewinnt.

HEINZ Wieso?

LOTTE Also erstmal ist der Schein ungültig, weil ihr alle 49 Zahlen angekreuzt habt und zweitens ist er es, weil ihr ihn überhaupt nicht abgegeben habt.

HEINZ Wo?

LOTTE Bei der Lottoannahmestelle.

HEINZ Aber ich geb doch meinen Schein nicht ab! Dann haben die den doch und sacken das Geld ein!

LOTTE Nein. Du behältst ja einen Durchschlag.

HEINZ Hab ich ja zusätzlich auch noch! Hier!

LOTTE Genau. Und das Original hättest du abgeben müssen!

HEINZ Nä. Das ist ja viel wertvoller. Dann schon lieber den Durchschlag.

LOTTE Das Original ist gar nichts wert, wenn du es nicht abgibst und wenn du nicht bezahlst.

HEINZ Bezahlen?

LOTTE Ja! Bei der Lottoannahmestelle.

HEINZ Ach da! Na – das kann ich ja immer noch machen. Kost' mich doch ein Lächeln! Bei einem Gewinn von äh..äh..

LOTTE Vorher! Du mußt vorher bezahlen, Heinz!

HEINZ Wieso? Seit wann bezahlt man denn vorher? Beim Bäcker zahlst du ja auch erst, wenn du die Brötchen hast!

LOTTE Aber Lotto ist ein Glücksspiel!

HEINZ Nicht bei uns! Weil wir alle Risiken ausgeschaltet haben und …

LOTTE *unterbricht ihn* Hör doch mal zu! Hier steht's doch auf der Rückseite des Lottoscheins: *liest vor* „In einem Zahlenfeld (1-49) sind sechs Zahlen anzukreuzen (x). Mindesteinsatz für jeden Spielschein 1,-- DM."

HEINZ *aufgeregt* Zeig her! Zeig her! Tatsache! Oh, mein Gott! Lotte: Wir sind ruiniert!

LOTTE Wieso?

HEINZ Wir haben gar nicht gewonnen, Lotte!

LOTTE Das sage ich doch die ganze Zeit.

HEINZ Wir haben verloren! Wir haben 1,5 Millionen Mark verloren! Wo krieg ich die bloß her? 1,5 Millionen, mein Gott, mein Gott!

LOTTE Aber Heinz, jetzt drehst du ja völlig durch! Das ist doch alles überhaupt nicht wahr!

HEINZ Stimmt. Stimmt. Lotte, du hast recht! Ich vergaß, daß wir ja eine Wettgemeinschaft haben, der Anton und ich. Folglich muß er auch die Hälfte der Schulden tragen, und das sind … die Hälfte von 1,5 Millionen Mark sind … äh … na … auf jeden Fall viel, viel weniger! Ach Lotte, da sind wir ja noch mal mit einem blauen Auge davongekommen! Stell schon mal den Schampus kalt, ich sag nur schnell Anton Bescheid.

Er geht zum Telefon und hebt den Hörer ab.

Hallo Anton, hier spricht Heinz! Wir …

LOTTE Ach Heinz! Wenn du telefonierst, mußt du vorher wählen!

HEINZ Wen?

LOTTE Du mußt die Nummern auf dieser Scheibe hier wählen!

HEINZ Alle zehn?

LOTTE Nein! Nur sechs!

HEINZ Sechs? Schon wieder?

Vorhang

ES WAR EINMAL

…zu jener Zeit, da Männer noch Ritter, Drachen noch Ungeheuer und Prinzessinnen noch Jungfrauen waren, da begab es sich, daß Bodo Schloßherr von und zu und auf und ab Runkelstein eines Mittags von pferdegetrappelähnlichen Geräuschen aus dem Schlaf geweckt wurde…

Heda! Seid Ihr der Schloßherr hier?

Der bin ich. Was ist Euer Begehr?

Mein Begehr?
Gebt mir ein frisches Pferd zur Frau!
Und reicht mir Eure Hose!
Färbt mir am Wams die Schnallen blau!
Und dann erklärt mir, wose!

Wose?

Wose sich aufhält, die feuerspeiende Prinzessin, die den jungfräulichen Drachen gefangenhält!

Wie komm' ich denn dazu? Wer seid Ihr überhaupt?

Ich? Ja, seht Ihr das denn nicht? Ich bin ein irrender Ritter.

Für mich seht Ihr aber mehr aus wie ein reitender Irrer!

Weh mir! Ich bin durchschaut! Hüah! Hüah!

Die Hunde! So was von Instinkt! Richtige Hellseher! Mein Hasso hier, zum Beispiel, der hat mich mal – also man soll es nicht für möglich halten! Der hat mich mal mitten in der Nacht geweckt. So geknurrt hat er und an der Bettdecke gezerrt. Ich spring auf, denke: Gefahr! Und nichts wie raus aus dem Schlafzimmer. Und was soll ich Ihnen sagen: Zwei Wochen später, vorgestern, da fällt doch direkt auf die Stelle, wo ich gelegen habe, mein Überseekoffer vom Schrank. Direkt auf die Stelle! Wie konnte der Hund das nur ahnen! Oder letzten Winter, da hat er uns schon mal geweckt, meine Frau und mich. Nachts hör ich auf einmal, wie es auf der Treppe poltert, ganz deutlich. Ich aus dem Zimmer – und was seh ich: Hasso!! Und was hat er in der Schnauze? Unser Baby! Rast mit dem Baby in der Schnauze die Treppe runter. Ich natürlich sofort ins Kinderzimmer – Feuer! denke ich. Aber Fehlanzeige. Ich in den Keller – auch nichts. Kein Gasrohrbruch. Keine Überschwemmung. Nichts. Ich auf die Straße: kein Erdbeben. Rein gar nichts. Überhaupt nichts. Trotzdem hat der Hasso unser Baby gerettet! Tja, die Hunde, die spüren so was, wenn nichts ist. Der Mensch dagegen, ehe der was merkt… Aber wieso riecht das hier denn so komisch…

127

128

Liebe Trauergemeinde,

wir erheben uns von unseren Gläsern. Unser lieber Freund Karl-Heinz Rumgenippe ist von uns geflossen. Wer war er, dieser Karl-Heinz Rumgenippe? Er war ein Führer. Ein Wirtschaftsführer. Immer wieder hat ihn sein Weg in die Wirtschaft geführt. Und da stand er: jeden Abend. Und dann trank er: jeden Abend.

Ja, er war ein Freund. Ein Freund der Wissenschaft. Ich möchte nicht wissen, wie er das geschafft hat, immer wieder Kredit zu bekommen für seine Wirtschaftsunternehmen. Aber er bekam ihn: jeden Abend. Und er vertrank ihn: jeden Abend.

Und er war ein Forscher. Forsch war er schon immer, aber er wurde immer forscher: jeden Abend.

Religiös war er auch. Ja, das war er. Er dachte immer nur an seinen nächsten. „Der nächste geht wieder hierher! Und der übernächste auch!" Und das: jeden Abend.

Und dabei war er noch sportlich. Wer war denn noch fit, wenn es in die letzte Runde ging? Er doch: jeden Abend.

Auch die Kunst verdankt ihm viel. Vor allem die Kunst des Balletts. Dieser Tanz, wenn der Wirt keinen mehr ausschenken wollte: jeden Abend!

Und er war so gut. Der reinste Samariter. So was von hilfreich! Wie oft brachte dieser kleine Mann noch einen großen Rausch nach Hause, der es allein nie geschafft hätte. Wie oft? Jeden Abend!

Karl-Heinz Rumgenippe. Wir werden ihn vermissen. Nicht nur heute abend, nicht nur morgen abend, nein . . .

Jeden A

Ach? Sie kannten ihn auc

Der Steckbrief
Alles über...

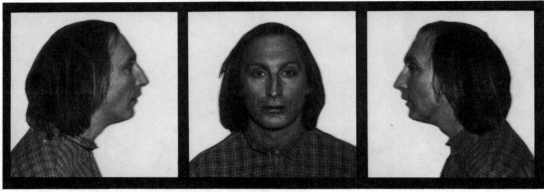

Otto Waalkes

ALTER: Ja, ich nenne ihn „Vati"

GRÖSSE: Das möge die Nachwelt entscheiden

GESICHTSFORM: Ebermäßig

AUGENFORM: Mantelförmig

AUGENFARBE: Schimmelblau

HAARFARBE: Zwischen flachsblond und juxbraun

GESCHLECHT: Reichlich

BESONDERE KENNZEICHEN: Beine

GEWICHT: Drei Pfund Klamotten und mindestens 50 Kilo Fleischeinwaage (ohne Knochen)

LIEBLINGSSÄNGER: Tarzan

LIEBLINGSGRUPPE: DOF

Abkürzung für deutsch-Ostfriesische Freund-schaft

LIEBLINGSINSTRUMENT: Hammer

LIEBLINGSNAME: Eberhard

Weil jeder richtige Mann eh behaart ist

LIEBLINGSBERG: Nanga Nougat, mein erster Viertelpfünder

LIEBLINGSOBST: Kartoffel

LIEBLINGSBLUME: Salat

LIEBLINGSSPEISE: Kartoffelsalat

LIEBLINGSFLUSS: Der Em Ei Es Es Ei Es Es Ei Pipi Ei

zu deutsch: Mississippi

LIEBLINGSBUCH: „Der Herr der Zwiebelringe" von J. R. Tollkühn

LIEBLINGSSENDUNG: „Der Denver-Clown"

LIEBLINGSFILM: „Der weiße Heinzelmann"

Nicht zu verwechseln mit Skifliegen!

LIEBLINGSSPORT: Schiefliegen

HOBBIES: Geradeliegen

IHR VORBILD: Herr Bundes

IHR MOTTO: Jeder denkt an sich, nur ich denk an mich.

Weil dem doch so viel gehört: Die Post, die Ba.. der Tag - eigentlich die ganze Republik

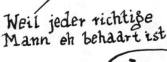

Was nützt der schönste Steckbrief, wenn der Kerl immer noch frei rumläuft?!

Das ist
OTTO W.

Die Faschingszeit ist für ihn die traurigste Zeit des Jahres. Wenn alles durcheinander feiert, steht er einsam abseits. Warum? Weil Otto W. wieder einmal kein originelles, phantasievolles und kreatives Faschingskostüm hat, Narr, der er ist. Dabei ist es doch so einfach, soo billig und sooo wundervoll, zum umjubelten Mittelpunkt jeder Faschingsfête zu werden. Alles, was wir brauchen, sind:

Ein Yoghurtbecher (leer!)

Eine Dose roter Farbe (voll!)

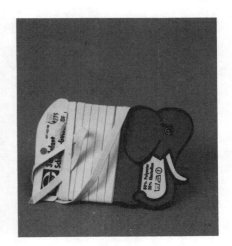

Ein Gummiband (elastisch!)...

133

...und schon können wir uns in tausend Verkleidungen in den Faschingstrubel stürzen:

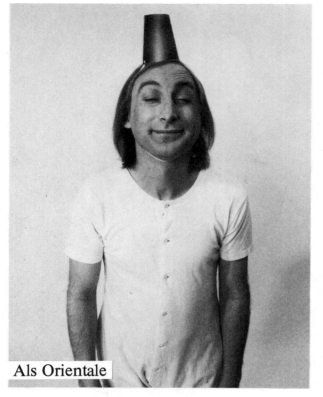

Als Orientale

als Einhorn

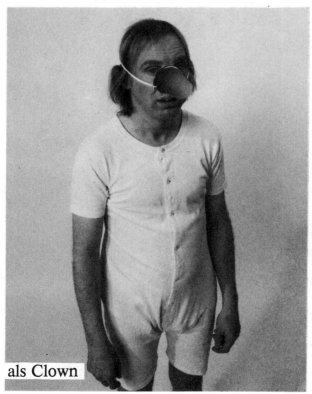

als Clown

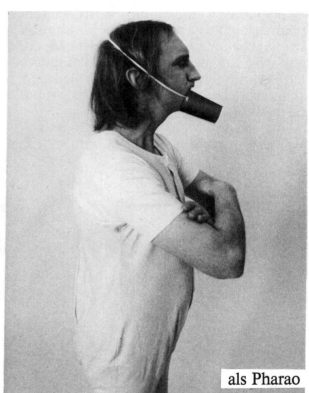

als Pharao

als Glöckner von Notre Dame

als Mister Universum

als Casanova

oder als Gartenrotschwänzchen.

Und wer es sich leisten kann, der kauft ganz viele Yoghurts und kommt ganz groß raus...

...als Beulenpest!

Wer A sägt, muß auch B sägen

Nachts sind alle Katzen blau...

Alter schützt
vor Toren nicht

Ein Küsschen in Ähren
kann niemand verwehren

Der Klügere gibt
Nachhilfestunden....

Viele Köche verderben die Köchin....

Neue Wesen
Kehren gut

Liegen haben kurze Beine

Was man nicht am Kopf hat,
muss man an den Beinen haben

scheich und Scheich gesellt sich gern...

Man soll den Tag nicht vor dem Abendprogramm loben

wer nicht röhren will, muss fühlen.

Morgenstund
hat Colt im Mund

Der Krug geht solange
zum Mund, bis man bricht

OTTO
Hunde, die schellen, beissen nicht!
Und mein Lieblingssprichwort: Ohne Fleiß kein Scheiß!

Warnung! Dieses Buch sollte ein
heiteres, ein menschliches, ein fröh-
liches Buch werden. Doch das Leben besteht nicht nur aus flachem
Frohsinn und fröhlichem Flachs. Es
hat auch eine finstere Seite. Und dieses Buch übertrifft das Leben selbst
hierin: Es hat sogar zwei finstere Seiten!
Noch haben Sie die Möglichkeit, die
folgenden beiden Seiten zu überblät-
tern; noch hat das Böse keine Macht
über Sie gewonnen. Noch hat es seine schaurige Stimme nicht erhoben.
Noch schweigt es. Lesen Sie nicht
weiter! Hören Sie auf! Jetzt!!

Zu spät!

Jetzt spreche ich!

Und Ihr folgt immer
willenloser meinen
teuflischen Einflüsterungen.
Doch ich vergaß, mich vorzustellen:
Der Hexenjäger bin ich, ja!
– Stets bös' und grausam, trallala!
Und Ihr werdet mich bei meinem
blutigen Handwerk erleben.
Ach, ich vergaß es vorzustellen:
Das Hexenfoltern ist es, ja!
– Stets blut und rünstig, trallala!
Jetzt schaut sie Euch an,
die blutjungen, zuckenden Leiber entblößter, bildschöner Weiber! Harrrr!
Nun seht es am Werk, das abgrundtief Schlechte:
Zunächst einmal mich und dann meine Knechte!
Auf! Blättert um! Dreht die Zeituhr zurück in

Das finstere Mittelalter... →

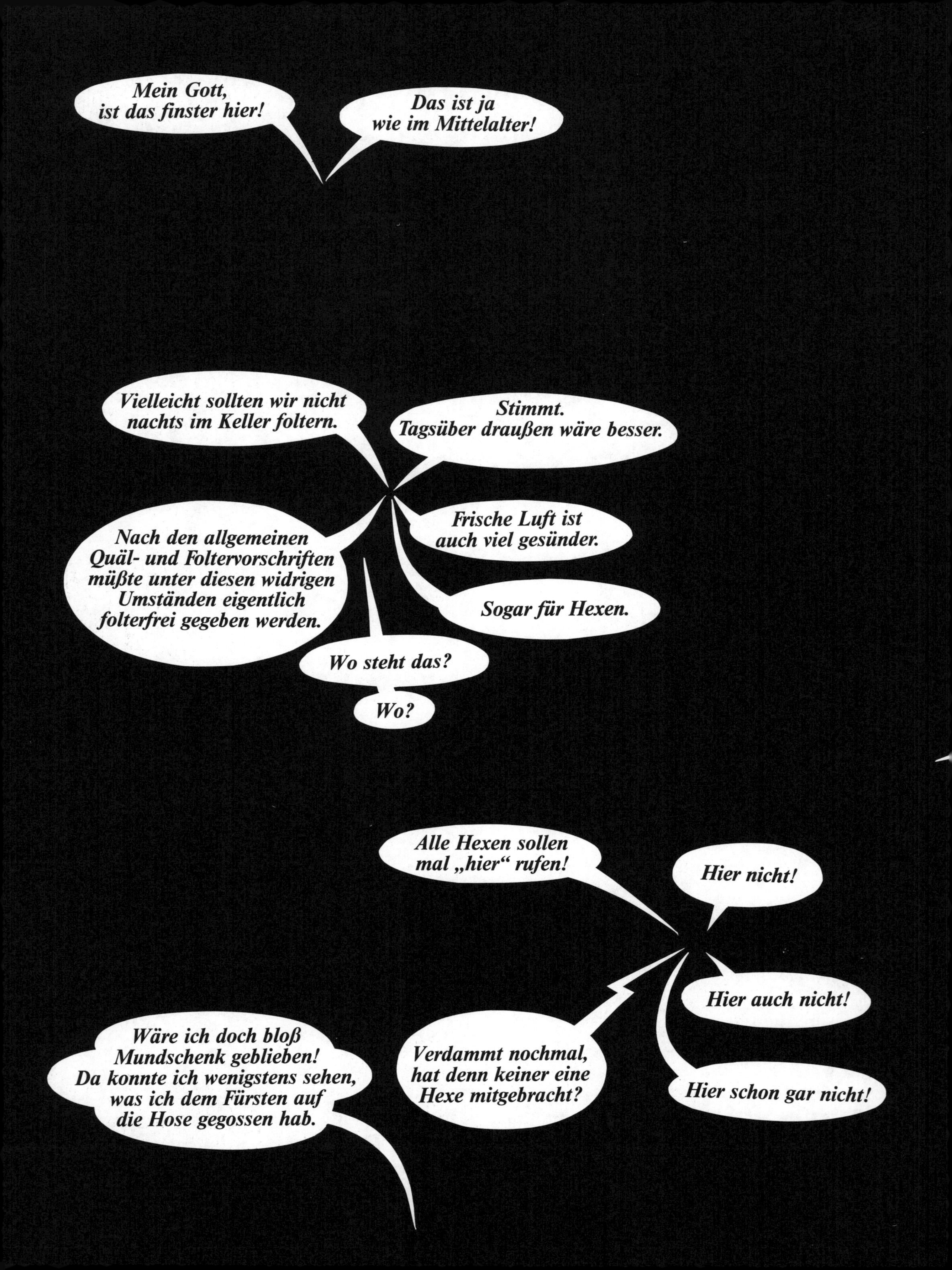
Mein Gott, ist das finster hier!
Das ist ja wie im Mittelalter!
Vielleicht sollten wir nicht nachts im Keller foltern.
Stimmt. Tagsüber draußen wäre besser.
Frische Luft ist auch viel gesünder.
Nach den allgemeinen Quäl- und Foltervorschriften müßte unter diesen widrigen Umständen eigentlich folterfrei gegeben werden.
Sogar für Hexen.
Wo steht das?
Wo?
Alle Hexen sollen mal „hier“ rufen!
Hier nicht!
Hier auch nicht!
Verdammt nochmal, hat denn keiner eine Hexe mitgebracht?
Hier schon gar nicht!
Wäre ich doch bloß Mundschenk geblieben! Da konnte ich wenigstens sehen, was ich dem Fürsten auf die Hose gegossen hab.

Hat jemand meine Daumenschrauben gesehen?
Sieh doch mal unter dem Streckbett nach.
was macht ihr denn auf dem Streckbett?
Wenn ich nicht gleich gefoltert werde, geh ich.
Ich peitsche schon mal ein bißchen.
Aua! Paß doch auf, wo du hinfolterst!
Vielleicht ist das hier nur ne Übung? So ne Art Trockenfolter?
Bleibt sauber, Jungs, der liebe Gott sieht alles.
Aua! Hat hier jemand die Wände umgestellt?
Leute, ich muß mal. Alle Mann in Deckung!
Wieso denn?
Ich bin ein Elefant, Madame.
Mein Gott,
mir das alles peinlich!
fentlich ist bald Neuzeit.

Ein Wunder ist geschehen! Seit gestern erfreut sich deutsche Kochkunst internationaler Anerkennung. Das französische Feinschmeckermagazin „Guide Pischeläng" hat dem Duderstädter Dampfkoch Willi Knäckebier die höchste Auszeichnung verliehen, die es zu verborgen hat. Drei Kreuze also für Knäckebiers Fernschmeckerlokal „Prost Willi".
Aus diesem festlichen Anlaß hat der preisgekrönte Koch ein Menu in sieben Gängen kreiert, zu dem er Sie nun herzlich einladen möchte.

*B*ummsoir, liebe Mitesser! Wir legen sofort den ersten Gang ein: Pekinger Rübchen – das sind diese kleinen Gelben – mit Sauce Winnetou – das war dieser große Rote. Zu unserem ersten Gang bilden wir uns ein Gläschen Champagner ein, das einen spritzigen Übergang zum nächsten Gericht darstellt: Soupe Lauwarm! Das Rezept verdanke ich meinem großen Lehrmeister Herbert Haltbar, der legendären Kaltmamsell aus dem renommierten „Kachelstübchen". Es läuft auf der Basis von mild verriebenen Knoblauchzehen und etwas gutem Willen im Verhältnis eins zu null.

*U*nd nun ein kleiner Applaus: Jean, der Richtkanonier der Gulaschkanone Würzburg-Süd, serviert Maggie en Bloc! Dafür werden vier bis fünf Pfund gut abgehangenen Maggies in kleine Würfel geschnitten. Wer damit eine Sechs würfelt, darf zum nächsten Gang übergehen: Mousse au Toilette! Wer nicht mousse, der mousse eben nicht; aber wer will, der kann.

*A*ber Beeilung! Denn nun betritt mein stockfranzösischer Oberkellner die Eßfläche, und jeder kennt seinen Ruf: „Alle Gäste bleiben ocken, isch serviere Aferflokken!" Dies ist eine exquisite Création meinerseits, zu der eigentlich noch Butterkartoffelns gehören. Aber leider ist Butterkartoffelns, dem netten Ehepaar von nebenan, noch von gestern abend schlecht. Da hatten wir nämlich Melonen-Bowle mit ganzen Früchten.

*B*ei uns gibt es nun „Pampe Pensionaire", Rentnerpampe. Man entkernt vier bis fünf

alte Brötchen, legt dabei unter inständigem Rühren zwei bis drei Eier und gibt nun circa dreißig Eiswürfel bei, die man kurz aufkochen läßt. Das Ganze leicht abkühlen und direkt aus dem Schwenksieb ins Klobecken stürzen! Dabei nicht vergessen, am vorher sanft eingemehlten Griff zu ziehen! Dazu stellen wir uns einen Cognac vor – schön alt und piwarm, denn der verträgt sich gut mit dem Schlußgericht.

Ein sehr scharfer Gang: Es werden Servietten mit einem Spritzer Eigelb serviert; dazu gibt es ein Täßchen Riechsalz und zum Finale wird das Foto eines Spargels herumgereicht.

Aber Momääänt! Das ist noch nicht alles. Zum Dessert haben Sie noch die Auswahl zwischen Liberté, Fraternité und Pfefferminzté.
Wer jetzt noch nicht weiß, warum ich als erster deutscher Koch diese hohe Auszeichnung bekommen habe, dem erkläre ich es persönlich: Kein Gast hat je mein Lokal verlassen, ohne drei Kreuze zu machen. Haut rein, Jungs!

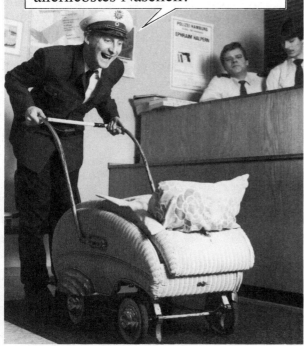

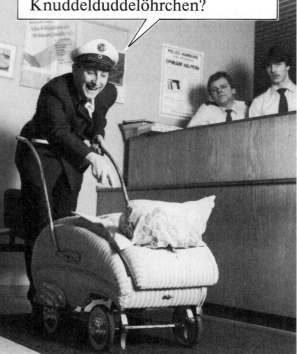

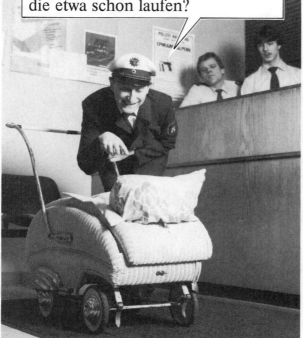

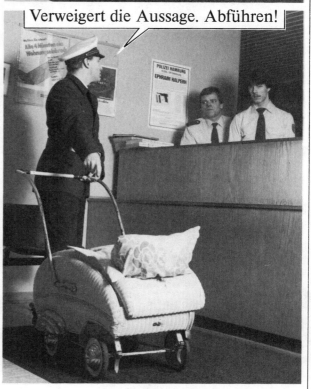

Schillerstraße
Hallo, hier ist Harry Hirsch und hier ist die Schillerstraße! Und wir beide sind nicht zufällig hier. Die Schillerstraße ist nämlich immer hier, und ich wollte herausfinden: Was wissen die Menschen heute noch von Friedrich Schiller, dem großen deutschen Dichter?
Eine Frage bitte: Sagt Ihnen der Name Friedrich Schiller etwas?
Friedrich Schiller? . . Aber ja! Nach dem ist doch sogar eine Straße benannt.
Aha, welche denn?
Na, da drüben: die Friedrichstraße.

Die „Knallbingia" wirbt doch mit dem Versprechen, Sicherheit werde bei Ihnen großgeschrieben. Was bedeutet denn das konkret für mich als Kunden?

Nun, Sicherheit wird bei uns eben groß geschrieben! Nehmen Sie nur unsere Lebensversicherung: Sie zahlen Ihr Leben lang regelmäßig Beiträge, und dafür versichern wir Ihnen, daß Sie mit Sicherheit Ihr Leben lang keinen Pfennig davon wiedersehen werden.

Und meine Angehörigen?

Die natürlich auch nicht.

Das hört sich solide an.

Genau wie unsere Arbeitsunfähigkeitsversicherung: Für einen monatlichen Mindestbeitrag in Höhe Ihres Monatsgehalts stellen wir unsere vollkommene Unfähigkeit zu arbeiten unter Beweis. Sie werden staunen!

Das ist ja ein Angebot, das kaum zu überbieten sein dürfte!

Da kennen Sie die „Knallbingia" schlecht. Wir bieten Ihnen noch ganz andere Sachen: unsere Reiseversicherung z. B.: Sie zahlen und wir verreisen an einen Ort Ihrer Wahl – vorausgesetzt, er fängt mit Ba- an und hört mit -hamas auf.

Aber was machen Sie bloß, wenn es dort regnet?

Kein Problem: Schließen Sie doch einfach eine Regenversicherung für uns ab: Da können sie sich aufregen, soviel Sie wollen, unsere Beiträge steigen regelmäßig.

SICHERHEIT wird bei uns groß geschrieben!

Ihre hochinteressanten Ausführungen haben mich hundertprozentig beruhigt und überzeugt. Aber eine kritische Frage kann ich Ihnen trotzdem nicht ersparen.

Sie haben ja eine Lebensversicherung, also fragen Sie!

Was mich ein wenig ratlos macht, ist Ihre Hagelversicherung. Warum sollte ich für viel Geld den Hagel versichern? Der geht doch ohnehin kaputt, wenn er runterfällt.

Welch lustiges Mißverständnis! Die Hagelversicherung der „Knallbingia" heißt doch nur deswegen Hagelversicherung, weil es bei uns Beschwerden nur so hagelt.

Ach, da fällt mir ja ein Stein vom Herzen! Eine Allround-Versicherung bei der „Knallbingia" ist demnach mit Sicherheit das Vernünftigste, was ein Familienvater in meiner bedrängten finanziellen Situation abschließen kann. Aber ist das Paket nicht doch ein wenig teuer?

Ein wenig teuer? Sie scherzen wohl:„Knallbingia"-Versicherungen sind so teuer, daß allein eine zusätzliche Hausratsversicherung Sie vor dem Zuchthaus bewahren kann. Sie überschreiben uns jetzt also Ihr Haus, und dann dürfen Sie raten, was wir damit machen werden, sobald unsere Beiträge Ihre Rücklagen aufgezehrt haben.

Donnerwetter! Die „Knallbingia" denkt aber auch wirklich an alles!

Wohl wahr. Es heißt eben nicht zu Unrecht: Im Falle des Versicherungsfalles kassiert „Knallbingia" wirklich alles! Mit SICHERHEIT.

Und nun hat der Abgeordnete der Blauen das Wort.
Es spricht zu Ihnen: Herbert Suffka, MdB.

Meine Damen und Herren, es ist mir ein schiefempfundenes Anliegen, vor diesem vollen Hause ein Problem anzustechen, das uns wohl allen auf der Leber liegt. Ich lalle nur: Verkehrssicherheit! Vor mir liegen zwei Statistiken – ich korrigiere mich – es ist doch nur eine – aber aus der geht ganz zweideutig heraus: Jahr für Jahr fordert der Straßenverkehr immer mehr Oper. Mooment, ich singe falsch. Es muß natürlich Opfer heißen. Und was ist schuld an dieser besäufniserregenden Entwacklung? Meine Damen und Herren, ich wackle nicht, ich schwanke nur, ob ich Ihnen die magenbittere Wahrheit sagen soll. Aber sie ist überfüllig! Und deshalb muß sie rein... äh raus!

Schuld ist einzig und allein die Nüchternheit am Steuer! Ach, Herr Minister, nun kommen Sie mir doch nicht mit Ihrer Unfallstatistik. Ich weiß so gut wie Sie, daß 20 % aller Unfälle von Autofahrern verursacht werden, die unter Alkohol stehen. Aber was heißt denn das? Unter! Unter! Das heißt doch, daß 80 % aller Unfälle von Personen verursacht werden, die über Alkohol stehen! Und das bedeutet – lassen Sie mich das in aller verbotenen Trockenheit sagen –, sie waren nüchtern!!

Ich darf Ihnen das in einer kleinen Biermädchenrechnung verausschaulichen. Jeder nüchterne Verkehrsteilnehmer ist viermal so gefährlich wie derjenige, der sich im vollen Bewußtsein seiner Verantwortung als Verkehrsteilnehmer fürchterlich vollaufen läßt. Volltanken, meine Damen und Herren, ist erste Fahrerflucht... äh... pflicht. Nicht, daß man unerwartet ernüchtert liegenbleibt und dann durch Nacht und Nebel zur nächsten Raststätte kriechen muß!

Und da zeigt doch Ihre Statistik, Herr Ministik, heuschreckende Mängel. Die meisten Ihrer angeblich alkoholisierten Unfallteilnehmer waren doch überhaupt nicht volltrunken. Jedenfalls nicht zum Zeitpunkt des Unfalls, das können Sie doch nicht abstreifen! Nullkommaacht, nullkommaneun, einskommazwei, einskommafünf Promille – eins komma doch neundeutig sagen: Das ist so gut wie Nullkommanix! Das sind doch gerade die Tüten, die während der Fahrt plötzlich ernüchtert liegenbleiben und dann durch Nacht und Nabel zur nächsten Notbiersäule kriechen müssen. Und meine Freunde vom ADAC, vom Allgemeinen Deutschen Alkoholiker Club, die müssen dann sehen, wie sie die wieder vollmachen. Ach Herr Minister, nun werden Sie doch bloß nicht logisch! Sie und Ihre Polizei haben ja in solchen Fällen nichts weiter anzubieten als leere Tütchen. Da kann ich nur gröhlen: Pullen statt Bullen! Mehr Likör im Verkehr! Schluckpflicht für alle! Mein letzter Wille – mehr Promille!

Geschichten aus Jacobiland

HOHES GERICHT!

Sie werfen meinem Mandanten eine Tat vor, die an Abscheulichkeit ihresgleichen suchen müßte, hätte er sie begangen. Aber mein Mandant war nicht jener entmenschte Übeltäter, welchen die Wasserschutzpolizei bei dem Versuch gesehen haben will, das Nichtschwimmerbecken des städtischen Freibads anzuzünden. Er kann es nicht gewesen sein, und ich kann diese Behauptung beweisen. Mein Mandant hat nämlich für den fraglichen Tag ein lückenloses Alibi.

Erstens schlief er an diesem Tage bis in die Puppen.

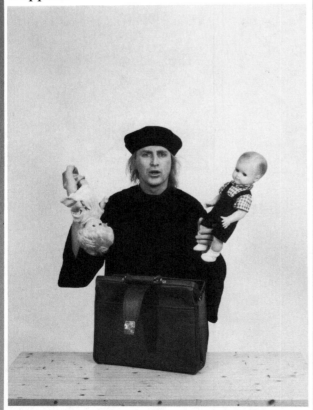

Beweisstück Nummer eins: diese Puppen.

Weil zweitens draußen ein Wetter herrschte, bei dem man keinen Hund hätte vor die Tür jagen mögen.

Beweisstück Nummer zwei: dieser Hund.

Drittens kehrte mein Mandant auf dem Weg in sein Büro für zwei Stunden in seiner Stammkneipe ein, wo er sich sechs Biere hinter die Binde goß.

Beweisstück Nummer drei: diese Binde.

Viertens verbrachte er danach drei Stunden an seinem Arbeitsplatz, wo er seinen Kollegen wie üblich auf den Wecker fiel.

Beweisstück Nummer vier: dieser Wecker.

Fünftens begab er sich nach seinem Rausschmiß aus dem Büro unverzüglich wieder in seine Stammkneipe, wo er schon bald blau wie ein Veilchen war.

Beweisstück Nummer fünf: dieses Veilchen.

Sechstens steht doch wohl fest, daß mein Mandant in diesem Zustand nicht einmal einer Fliege etwas zuleide tun konnte.

Beweisstück Nummer sechs: diese Fliege.

Siebentens ergibt sich aus all diesen Beweisen, daß die Anklage haltlos, mein Mandant unschuldig und der ganze Prozeß im Eimer ist.

Beweisstück Nummer sieben: dieser Eimer.

★ REISEBÜRO ★

Dr. Nippes

Hier Reisebüro Dr. Nippes, hallo … ah, Sie wollen verreisen, gnädige Frau … ja, da schlage ich Ihnen eine kombinierte Erlebnis- und Erholungsreise vor: Zunächst kommen Sie mal zu mir ins Büro, da können Sie was erleben, und dann gehen Sie nach Hause und erholen sich davon … Eine Flugreise? Ah, Madame sind ein Vogel! Aber warum flattern Sie dann nicht gleich bei mir im Büro vorbei … Nein, die Vereinigten Staaten fliegen wir sowieso nicht an, die sollen sich getrennt haben … Dann soll's ein Dampfer sein? Ja, haben Sie einen? … Sehn Sie, ich auch nicht. Aber Sie können natürlich mal bei mir im Büro vorbeischauen, da überlegen wir dann gemeinsam, wie wir an einen rankommen … Ach so, Sie hatten mehr an eine Kreuzfahrt gedacht … Warum tun Sie das allein zu Hause? Kreuzen Sie doch schleunigst bei mir im Büro auf, da könnten wir dann gemeinsam daran denken: Rhodos, Malta, Korfu, Spiekeroog – magische Namen, zaub'rische Lichtbahnen der Erinnerung … Lieber eine Safari? Tiere in freier Wildbahn … Das trifft sich gut! Sie nehmen die Bahn, und in meinem Büro bin ich dann so frei, das Tier in mir ganz wild nach Ihnen werden zu lassen: Uäähh! … Ach, Wassersport soll's sein? … Ah, ich verstehe: Tauchen – na, sag ich doch, Sie tauchen innerhalb der nächsten halben Stunde bei mir im Büro auf, legen sich zu mir auf die Couch und wir schnorcheln gepflegt einen weg … Ach so, Sie möchten baden … Halt, Moment! Kommen Sie n i c h t zu mir ins Büro, kommen Sie zu mir nach Hause, da hab' ich 'ne Wanne …

Aufgelegt. So was.

Ich unterbreche das Buch für eine wichtige Durchsage. Das Wort hat der Tierarzt Dr. Miaulow Katznarricz:

Hunde, die beim Bellen beißen,
sollte man zusammenscheißen.
Hunde, die beim Bellen rauchen,
sollte man zusammenstauchen.
Hunde, die beim Bellen bügeln,
sollte man zusammenprügeln.
Hunde, die beim Bellen beten,
sollte man zusammentreten.
Hunde, die nach Gründen fragen,
sollte man zusammenschlagen.

So. Und jetzt das ganze mit Katzen:

Katzen, die beim Bellen beißen . . .
. . . sollte man mit Hilfe eines Tierpsychia-
ters unter Verabreichung von vielen kleinen
Leckerbissen und mit viel, viel Geduld und
Liebe von dieser verzeihlichen Unart abzubringen versuchen.

MAX MURKEL „*Die Peitsche*" GEHT IN PENSION

Murkel wie man ihn kennt und fürchtet – der Trainer. 1984 wurde Murkel zum bestgechaßten Liga-Trainer gekürt und von seinen Verein wegen Erreichens der Schmerzgrenze in den sofortigen Unruhestand versetzt.

Murkel wie man ihn kannte und liebte – der Aktive. 1974 wurde Murkel von der Sportpresse zum bestangezogenen Linksdraußen gewählt und durfte beim Qualifikationsspiel Deutschland gegen Bayern den Anstoß ausführen.

162

„Männer! Einen Unterschied müßt ihr euch merken: Ihr seid die Tränen – ich bin der Träner!

Mit diesem Satz pflegte Deutschlands gnadenlosester Trainer seinen Spielern Mut zu machen. Er war ein harter Trainer und verlangte äußerste Disziplin. Gefürchtet waren seine Kontrollanrufe aus „Mollis Pinte": „Waas?! Ihr schlaft schon, ihr Waschlappen? Wißt ihr nicht, was morgen auf dem Spiel steht? Der Touropa-Pokal, ihr Penner!"

Und er konnte seine Mannschaft einstellen wie kein anderer. Doch, doch, das konnte er: „Männer, versucht vor allen Dingen euer Spiel zu machen. Und das sollte auf keinen Fall Fußball sein, denn da seid ihr überfordert."

Für jeden hatte er ein ermutigendes Wort. Vom Torwart angefangen: „Wenn Sie sowieso jeden reinlassen, warum sind Sie dann nicht gleich Pförtner geworden?"

Gefürchtet waren auch seine Wortspiele: „Und Sie? Sie sind der Libero? Ich hätt' Sie ja lieber gekocht."

„Aha, Sie machen den Abstoß. Abstoßend genug sind Sie ja."

„Ah! Mein Herr Spielmacher. Wenn Sie heute zufällig einmal den Ball treffen sollten, dann grüßen Sie ihn doch bitte recht herzlich von mir."
Und dann gab er die Parole aus: „Solange in der gegnerischen Mannschaft noch Spieler mit gesunden Beinen herumlaufen, wird nicht gegen den Ball getreten. Solche Kindereien heben wir uns für die zweite Halbzeit auf – dafür ist sie ja schließlich da."

Ja, so einer war er, Trainer Murkel. Und seine Männer wären für ihn durch's Feuer gegangen – es hat nur nie gebrannt auf dem Spielfeld.

Aber dafür war er einfallsreich. Ganz neue Spielsysteme hat er eingeführt.

„Männer, heute spielen wir mit zwei Verteidigern und einem Staatsanwalt, da kann nichts schiefgehen. Zwei Punkte bringen wir auf jeden Fall nach Hause: meine Ü-Punkte! Ich habe mir nämlich als zweiten Vornamen Jürgen verpassen lassen."

Er war der erste, der seine Vorstopper schon vor dem Stadion postierte, um den Gegner schon draußen abzufangen.

Er war es, der die langen Pässe abschaffte und für seine Mannschaft die kleinen Personalausweise einführte. „Die passen nämlich viel besser in die Turnhose."

Er war gefürchtet in ganz Fußball-Deutschland. Vom Bibberer Berg bis zum Stuttgarter Mecker-Stadion nannte man ihn den 'Henker auf der Trainerbank'. „Köpfen! Köpfen!" kommandierte er. Aber die Mannschaft hatte mal wieder die Fallbeile zu Hause gelassen. „Dann schießt doch wenigstens!" Aber der Schiedsrichter hatte ihnen mal wieder die Colts abgenommen.

Ja, Trainer Murkel. Fußball, das war sein Leben. Selbst im Urlaub bewahrte er ganze Seilschaften vor dem Abstieg. Als er einmal in den Alpen war, mußten 700 Bergsteiger auf dem Matterhorn überwintern. „Bei mir steigt keiner ab! Meine Vereine natürlich immer ausgenommen."

Aber der Fußball hat ihn reich gemacht. „Männer, ihr wollt doch euer sauer verdientes Geld sicher anlegen. Mein Tip: ein Konto bei der Trainer-Bank. Her mit der Kohle!"

Und er konnte das Geld gebrauchen, denn sein großes Problem war sein Kindersegen. Er hatte schon zwei komplette Mannschaften beisammen, denn jedesmal, wenn seine Frau zur Pille griff, pfiff er vorher ab. „Hand im Schlafraum! Und den Strafstoß führe ich natürlich wieder selber aus!"

Vom Spieler zum Trainer

1976 Im Dreiviertelfinalspiel um den „Packeis-Pokal" muß Max Murkel auf die Spielmacherrolle verzichten und die ungeliebte Position des linken Beleidigers übernehmen. Doch Kapitän Günter „Großfuß" Netzer hat seine Rechnung ohne den listigen Murkel gemacht.

Blitzschnell blendet er den verblüfften Ballkünstler durch die strahlende Schönheit seines muskellosen Oberkörpers und zielstrebig reißt er die Regie des Spieles an sich:

„Wir spielen jetzt Totalriegel mit offensivem Torwart!" ruft er immer wieder…

…aber niemand hört auf sein Kommando.
„Was ko man do noch machen?" fragt er sich verzweifelt…

...und verläßt wutschnaubend jenen Rasen des Ruhms, auf dem er so unrühmlich rumgerast ist. Von nun an hat er nur einen Gedanken: Rache.

„Rache? Dann werd' doch einfach Trainer", raten ihm seine alten Sportkameraden Kaiser Müller und Bomber Franz. So geschieht es. Und schon nimmt das Schicksal seinen Anlauf.

ZU ZWEIT OHNE STREIT

Ein Partnerschaftslehrgang mit Diplom-Psychologin Dr. Anna Lühse

Immer wieder kommt es zwischen Ehepartnern zu Streit. Und immer wieder sind es die gleichen Anlässe: die allzu knappen Kinder und das allzu laute Haushaltsgeld. Schauen wir uns nur einmal Rudi und Gabi an. Rudi kommt gerade aus dem Büro nach Hause. Freudig begrüßt ihn seine Gattin Gabi:

„Rudi, guck mal, was ich anhab!"

„Ja, wo hast du denn die todschicken Klamotten her, Gabi?"

„Aus der sündhaft teuren Schnickschnack-Boutique."

„Ja, hattest du denn das Geld dafür, Gabi?"

„Ja, Rudi, denn ich habe unseren Sohn Hansel an durchreisende Schlawiner verkauft."

Auf diese Mitteilung reagiert Rudi unbeherrscht und ärgerlich:

„Ach! Ohne mich zu fragen, Gabi! Das finde ich aber gar nicht richtig von dir! Zu einer wahren Partnerehe gehören Aufrichtigkeit und Vertrauen. Ich aber fühle mich durch dein Verhalten hintergangen, auch wenn es sich um so eine Kleinigkeit wie den Verkauf unseres Sohnes Hansel an durchreisende Schlawiner handelt. Zur Strafe gehe ich jetzt ohne Nachtisch ins Bett. Bäh!"

Dieser Streit hätte nicht sein müssen! Gabi hätte sich nur psychologisch und partnerschaftlich korrekt verhalten müssen. Drehen wir die Zeit noch einmal zurück. Es ist Nachmittag. Rudi sitzt im Büro, als das Telefon klingelt.

„Hallo, Rudi! Ich bin's, Gabi! Du kennst doch den Hansel?"

„Ja, Gabi! Unseren Sohn."

„Und nun sind hier durchreisende Schlawiner, die Kinder kaufen."

„Toll, Gabi! Das ist ja eine gute Gelegenheit, unseren Hansel loszuwerden. Gerade neulich las ich in der Zeitschrift 'Rabeneltern', daß durchreisende Schlawiner immer noch die höchsten Preise für Kinder zahlen!"

„Bist ein Schatz, Rudi. Und vergiß nicht, im Büro zu essen. Ich hab mal wieder nichts für dich gekocht."

„Au fein, Gabi! Darauf freue ich mich schon. Und was gibt's zum Nachtisch?"

„Keinen Pudding."

„O ja! Für mich ohne Soße!"

„Tschüss, Rudi, ich muß los. Bussi, Bussi, äh.. Taxi, Taxi!"

„Fein, Rudi. Aber…"

„Ja, Gabi?"

„Da wäre noch ein Problem, Rudi…"

„…von dem ich sicher bin, daß wir es im partnerschaftlichen Geist lösen werden, Gabi!"

„Ich möchte nämlich, daß du von dem Geld nichts abbekommst und ich es statt dessen ganz schnell in der Schnickschnack-Boutique für völlig überflüssige, überteuerte Klamotten verjubele."

„Gar keine schlechte Idee, Gabi. Dann bleibt wenigstens nichts für mich übrig."

Als Psychologin möchte ich allen Ehepaaren dringend raten, sich Gabi und Rudi zum Vorbild zu nehmen. Damit es Ihnen leichter fällt, will ich diese Lektion mit dem folgenden Merkspruch abschließen:

**Soll die Ehe glücklich sein –
laß öfter mal Schlawiner rein.**

Teure Autofahrer,

wir haben Ihnen eine wundervolle, frohe Botschaft zu überbringen: Die multinationale Mineralölindustrie verzeiht Ihnen! Ja, das tun wir. Wir strecken Ihnen die Hand entgegen und sagen: Schluß mit dem Mißtrauen und den kleinlichen Vorwürfen! **Wir** stehen vor großen Aufgaben – **Sie** stehen vor großen Ausgaben. Und gemeinsam können wir es schaffen! Denn Probebohrungen bei Autofahrern haben ergeben, daß auch nach dem Tankvorgang noch größere Geldmengen bei Ihnen lagern. Unsere zukunftsorientierte Forschung hat darüber hinaus noch weitere Geldquellen entdeckt. Mitten in Deutschland! Auf deutschen Bankinstituten und Sparkassen lagern Reserven, die bei optimaler Ausbeutung unsere Bargeldversorgung auf Jahrzehnte hinaus sichern könnten. Und das ist die Herausforderung! Deshalb unsere Forderung: Geben Sie es heraus!

Dafür sind wir auch zu Opfern bereit. Wir garantieren für die Zukunft das hohe Niveau des deutschen Benzinpreises. Stillstand bedeutet Rückschritt. Und das ist nicht alles: Wir werden die Preise nach besten Kräften steigern und zugleich den Service auf ein nie geahntes Maß reduzieren. Null-Service und das beliebte Trimm-Tanken im Dienste der Volksgesund-

Dies war eine kostenlose Information der multinationale

heit – das sind die hohen Ziele, die wir uns für die Zukunft gesteckt haben.

Wie war es denn früher beim Tanken? Da war der Autofahrer dazu verdammt, bewegungslos in seiner Blechkiste zu sitzen und mit anzusehen, wie ein fremder, schmutziger Mann einen langen, stahlharten Stutzen in die intimste Öffnung seines Autos schob und es von innen naß machte! Doch, doch, so war das damals! Aber wir haben Fortschritte gemacht. Heute tummeln sich frohe, frische Autofahrer in Licht und Luft beim partnerschaftlichen Umgang mit ihrem eigenen Fahrzeug. Hier prüft einer zärtlich den Reifendruck; hier streichelt einer feucht kosend die Windschutzscheibe;

dort vereinigen sich Mensch und Maschine zu einem hoffentlich nie endenwollenden Tankvorgang. Oh, sie ist schön, so schön, die geile Welt der Tankstellen!

Das alles sind natürlich Leistungen, die nicht in Mark und Pfennig auszudrücken sind. Deshalb reden wir auch nicht über Preise – wir machen sie. Zu Ihrer Information! Damit **Sie** wissen, was **Sie** zu zahlen haben. Denn solange Sie noch was zu **zahlen** haben, wissen wir, was wir zu **tun** haben. Es gibt noch viel zu holen – sacken wir es ein!

Mineralölindustrie.   Nichts zu danken – öfter tanken.

Meiner Oma ihr Schlaflied

Als ich noch klein war, da konnte ich immer so schlecht einschlafen. Weil ich solche Angst hatte, besonders wenn meine Eltern mal ausgehen wollten. Und deshalb holten sie dann immer meine Oma. Die hatte eine ganz eigene Art, mich zum Schlafen zu bringen. Sie sang mir ein kleines Schlaflied vor. Und das ging so:

Zehn kleine Ottilein,
die spielten in der Scheune –
ich hab die Scheune angesteckt,
da waren's nur noch neune.

Neun kleine Ottilein,
die fuhren in den Schacht –
ich hab den ganzen Berg gesprengt,
da waren's nur noch acht.

Acht kleine Ottilein,
die halfen mir beim Schieben –
ich fuhr mal kurz im Rückwärtsgang,
da waren's nur noch sieben.

Sieben kleine Ottilein,
die hatten Angstkomplexe –
ich habe bloß mal BUH gemacht,
da waren's nur noch sechse.

Sechs kleine Ottilein,
die spielten gern Klavier –
ich hab den Deckel zugeknallt,
da waren's nur noch vier.

Vier kleine Ottilein,
die aßen gerne Brei –
ich habe einen mitgekocht,
da waren's nur noch drei.

Drei kleine Ottilein,
die floh'n nach Norderney –
ich hatte ein Torpedoboot,
da waren's nur noch zwei.

Zwei kleine Ottilein,
die gaben keine Ruh –
nur einer hielt mein Schlaflied aus,
und der, mein Schatz, bist du.

Das hat natürlich geholfen. Denn vor meinem Opa hatte ich einen Heidenrespekt. Der kannte vielleicht Lieder! Oioioi…

555666 Die Nummer für alle, die es irgendwo nötig haben

TRAUMBERUF
ASTROLOGE

Ein Schnellkurs für Abgreifer

Die Sterne lügen nicht. Dafür gibt es die Astrologen. Die Sterne verdienen kein Geld. Auch das übernimmt der Astrologe. Zum Sternwerden reicht es bei Ihnen leider nicht – dafür sind Sie nicht hell genug. Also werden Sie Astrologe. Und schon kommen Menschen zu Ihnen, die etwas über ihre Zukunft wissen wollen. Doch über die Zukunft dieser Leute wissen Sie mit Sicherheit nur eines: Die werden in den nächsten fünf Minuten ärmer werden. Und zwar genau um den Betrag, den Sie denen so schnell wie möglich abknöpfen. Und dann? Sobald der Kunde sein Geld los ist, versuchen Sie, den Kunden loszuwerden. Und wie? Natürlich, indem Sie die fast übernatürlichen Mittel der Astrologie einsetzen. Denn kaum hat der Kunde Ihnen sein Sternzeichen verraten, schon haben Sie einen passenden Grund, den dreisten Sternzeichenbesitzer des Raumes zu verweisen. Und das geht? Ja – wenn Sie sich die folgenden Rausschmeißersätze ganz, ganz gut merken:

STIER? Sind Sie ganz sicher, daß Sie nicht „stur" sagen wollten? Oder wieso sind Sie immer noch hier?

ZWILLINGE? Gibt es etwa noch einen von Ihrer Sorte? Und wieso haben Sie da nur für einen bezahlt?

KREBS? Zum Hummer hat's wohl nicht gereicht? Da bin ich ja gespannt, ob Sie wenigstens im Rückwärtsgang die Tür finden!

LÖWE? Das soll ich Ihnen glauben? Zeigen Sie erstmal Ihren Schwanz – hat der überhaupt eine Quaste?

JUNGFRAU? Und da kommen Sie ganz alleine zu mir? Warum wollen Sie sich eigentlich verändern?

WAAGE? Muß ich da extra auf Sie drauftreten, oder können Sie mir auch so sagen, wie schwer ich bin?

SKORPION? Ist das ein Grund, mich so giftig anzuschauen? Wie wollen Sie denn da erst gucken, wenn ich Ihnen gleich den Stachel ziehe?

SCHÜTZE? Und wieso sitzen Sie hier rum? Weshalb streifen Sie nicht durch die Wälder und sorgen dafür, daß unser schönes Vaterland indianerfrei bleibt?

STEINBOCK? Dann sind Sie ja einer der letzten Ihrer Art! Möchten Sie gleich hier aussterben, oder wollen Sie das nicht lieber in Ihrer schönen Bergwelt besorgen?

WASSERMANN? Warum suchen Sie sich da nicht eine nette Milchfrau zwecks gemeinsamen Pantschens?

FISCHE? Ach was! Wollen Sie schon mal in der Pfanne Platz nehmen, oder sollen wir noch auf den Mann mit dem Paniermehl warten?

WIDDER? Und ich dachte schon, Sie sind der Mann mit dem Paniermehl. Na dann: Auf Widdersehn!

„Feierabend" – das ist so ein schönes Wort,
das klingt so viel holder als „Raub" oder „Mord",
es hat viel mehr Wärme und sehr viel mehr Herz
als „Atombombenkrieg" oder „Magenschmerz" –
das Wörtlein „Feierabend".

Wissens, ich hab in meinem Leben viele Wörter
kennengelernt. Prächtige, ausländische, uner-
meßlich lange und seltsam schöne Wörter wie
„Hufschlag" oder „Orgasmusschwierigkeiten".
Doch mein Lieblingswort, das ist und bleibt das
kleine und bescheidene Wörtlein…

„Feierabend" – das hat so einen herzigen Sinn,
das klingt soviel heller als „Arbeitsbeginn",
als „Wadenbeinbruch" oder „Steuerbescheid" –
drum gibts auch kein Wort, das mich inniger freut
als das Wörtlein…

Na? Ratens das Wörtlein? Das kleine herzige
Wörtlein? Nie kommens drauf! Auf das goldige
Wörtlein, das ich so lieb, das Wörtlein…

AALKES und seine Crew begrü-
ßen Sie an Bord ihres Düsenclippers DC-
fix und wünschen Ihnen einen angeneh-
men Rückflug. Hin wird es nicht so ange-
nehm, da fliegen Sie nämlich mit uns.
Stellen Sie jetzt bitte das Schnaufen ein,
und schnauzen Sie Ihre Gurte an!
Unsere reizenden Stewardessen werden
Ihnen jetzt eine Vorstellung von der
Schönheit unserer Sicherheitsvorkehrun-
gen geben. Unser Düsenclipper DC-fix
und foxi verfügt über sechs Notausstiege.
Sie befinden sich sämtlich in Reparatur.

Da flieg' ich doch lieber selbst!

...wei in London,   zwei in Leningrad,   einer in Kuwait   und der letzte in Abu Dabbu.   Und Schwimmwesten...

... sind unter Ihrem Sitz befestigt. Sollten Sie
unser fliegendes Schwimmbad in An-
spruch nehmen, stellt der Kapitän im
Cockpit ausreichend Bademützen zur Verfügung. Wenn Sie sich verkleiden wollen,
haben wir auch noch Sauerstoffmasken.
Sie wissen ja: Sauer macht lustig.
Während des Fluges – also mitten in der
Luft praktisch, das macht uns kein Adler
nach, ich bin ganz begeistert – wird Ihnen
noch ein kleiner Imbiß gereicht. Also mir
hat der von gestern schon gereicht. Aber
Sie können ihn sich natürlich auch einpak-
ken lassen und zu Hause wegwerfen.
Unser Bordkino wiederholt auf vielfachen
Wunsch die erregende Dia-Schau „Runter
kommen sie immer – die Wunderwelt des
Regentropfens".

Und nun noch ein kleiner Hinweis für
unsere kriminellen Fluggäste:
Falls Sie die Absicht haben, das Flugzeug
zu entführen, dann bitte nach Emden. Da
will ich nämlich auch hin. Do is mine
Hoimat, do bün ick tehus!
Die Fluchzeit wird voraussichtlich 15 bis
20 Minuten dauern.
So lang fluche ich meistens rum, bis ich
die Kiste hochkriege.
Die Flughöhe richtet sich nach den Bo-
denverhältnissen.
Wenn Berge kommen, fliegen wir ein
bißchen höher, oder?

Dacht ich's mir!
Ich glaube, Käpten Otti hat einen kleinen
Applaus verdient.

179

Ein echtes Original: Norbert Nehmer

Das Original: Kölner Dom

Kaum vom Original zu unterscheiden: Kölner Dom aus Streichholzschachteln

TOLL! ES GIBT NOCH GUTE MENSCHEN!

Wir alle neigen dazu, die Hilfe für den Mitmenschen dem Staat oder den Institutionen zu überlassen. Eine Ausnahme macht da der Nacktbademeister Norbert Nehmer, der zur Zeit als Privatmann durch Deutschland reist und Spenden für die malariaverseuchten Kinder in Celle sammelt. Doch dafür bietet er auch etwas. In Heimarbeit hat der begeisterte Bastler aus Streichholzschachteln ein originalgetreues Modell des Kölner Doms gebaut, das allüberall Staunen und Bewunderung hervorruft. Wir sprachen mit dem guten Mann:

„Herr Nehmer, das ist doch der Kölner Dom, oder?"
„Ja … Ich glaub schon. Könnte er doch sein, oder nicht?"

„Und Sie haben doch viele tausend Stun-

den Ihrer kostbaren Freizeit für dieses Werk geopfert?"

„Dafür? Höchstens 'ne halbe Stunde!"

„Ja, aber der Reinerlös Ihrer idealistischen Sammelaktion, der kommt doch jedenfalls den malariaverseuchten Kindern in Celle zugute, nicht wahr?"

„Malariaverseuchte Kinder? In Celle?"

Wir befinden uns im Wohnzimmer der Familie Durstig. Frau Durstig ist gerade dabei, ihren Gummibaum zu begießen. Als Herr Durstig plätschernde Geräusche vernimmt, schreckt er aus seinem Fernsehsessel hoch ...

HERBERT Konstanze – hast du gerade was von Bierholen gesagt?

KONSTANZE Bierholen? Ich?

HERBERT Siehst du! Schon wieder! Du redest dauernd von Bierholen! Dann hol doch mal eins!

KONSTANZE Herbert! Du sollst nicht dauernd Bier trinken! Das macht doch nur dick!

HERBERT Das Bier? Das kann nicht sein, Konstanze. Nimm nur den Wal...

KONSTANZE Den Walfisch?

HERBERT Jawohl. Den dicksten Säugefisch der Welt. So ein Jonny und hat sein ganzes Leben noch keinen Tropfen Bier getrunken!

KONSTANZE Wenn der soviel Bier trinken würde, dann wäre der aber noch dicker!

HERBERT Wieso?

KONSTANZE Wegen der Kalorien! In jedem Bier sind Kalorien. Und die machen dick.

HERBERT Die Kalorien? Wieso denn, Konstanze?

KONSTANZE Weil die im Körper nicht verbrennen, Herbert, deshalb.

HERBERT Na, ein Glück! Wenn du jedesmal die Feuerwehr holen müßtest beim Biertrinken, weil die Kalorien brennen, das wär ja auch nicht das Wahre! Aber apropos holen – hol doch mal einen Kasten Testbier, dann werden wir ja sehen, ob da wirklich soviele Kalorien drin sind.

KONSTANZE Kalorien kann man nicht sehen!

HERBERT Aha!

KONSTANZE Und sie machen trotzdem dick!

HERBERT Jaja!

KONSTANZE Und deswegen hole ich jetzt kein Bier, sondern das Lexikon! *Geht zum Bücherregal.*

HERBERT Willst du das am Kiosk in Zahlung geben, Konstanze?

KONSTANZE Nein, Herbert, ich will jetzt die Wahrheit wissen ... Hier steht, hier steht, hier steht ... Kal ... Kal ... Kal ... *sie blättert und liest vor:* Hier! Kalorie, Wärmemenge, die nötig ist, die Temperatur von einem Gramm Wasser von 14,5 auf 15,5 Grad Celsius zu erhöhen!

HERBERT So ein Scheiß! Temperatur! Hat doch kein Mensch gesagt, daß du warmes Bier holen sollst, Konstanze! Und ich erwärme das auch nicht! Ich bin doch kein Tauchsieder! Ein Gramm erwärmen! So kleine Töpfe gibt es doch gar nicht! Außerdem schreiben die hier nicht von Bier, sondern von Wasser! Also das schwör ich dir feierlich, Konstanze, daß ich nie in meinem Leben ein von 14,5 auf 15,5 Grad Celsius erwärmtes Gramm Wasser trinken werde. Weil das doch so dick machen soll. Obwohl – von dick steht da eigentlich gar nichts. Aber bitte Konstanze, wenn du darauf bestehst: Ab heute nie wieder warmes Wasser. Nur noch kaltes Bier. Und das nicht gramm-, sondern flaschenweise. Ist das nicht ein fairer Kompromiß, Konstanze?

KONSTANZE Ja, ja – ich geh ja schon!

HERBERT *wendet sich zum Publikum* Sehn Sie – mit Gewalt erreichen Sie bei den Frauen nichts! Alles nur eine Frage von Argumenten! *Laut* Und vergiß den Doppelkorn nicht, Konstanze!

Vorhang

Hochvelehlte Flemdlinge!

Eine kleine Entschuldigung volweg: Wil Japanel können kein 'l' aussplechen. Leihen Sie mil tlotzdem Ihl Ohl. Denn ich möchte Ihnen jetzt eine wundelschöne ulalte japanische Sitte volfühlen:

Die Teezele monie

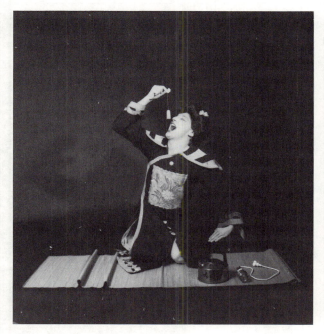

Sie velsenken sich in sich selbel. Und wenn
Sie ganz luhig gewolden sind, velsenken Sie
einen Teebeutel hintelhel.

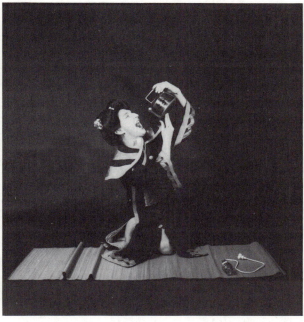

Sie lassen Ihle Gedanken flei fließen. Und
wenn Sie ganz befleit sind, lassen Sie etwas
kaltes Wassel hintelhelfließen

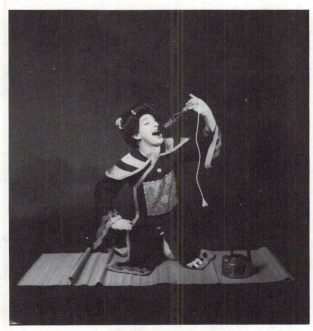

Sie elwälmen Ihl Helz fül die Wundel del
Natul. Und wenn Sie ganz feulige Gefühle
haben, dann elwälmen Sie auch das Wassel
in Ihlem Mund.

Das Wassel wild und wild nicht walm? Weil
Sie den Steckel des Tauchsiedels nicht in die
Steckdose leingesteckt haben, Sie Lindvieh!

Hier ist Harry Hirsch, und hier ist Panisch-Gartenkirchen. Ich melde mich live vom ersten Weltcup-Rennen des neuen Skiwinters. Und jetzt müßte auch schon eine der Favoritinnen am Start bereitstehen… da, der kleine graue Fleck über unserer prachtvollen, vollelektronischen Zeiteinblendung, das müßte sie sein. Sie wird jetzt auf die Strecke gehen, von der wir Ihnen leider nur einen kleinen Ausschnitt zeigen können… da, das war er gerade – aber unseren 14 Kameras ist durch die vielen Berge leider die Sicht versperrt, doch das macht gar nichts, bei dem Nebel hätten Sie ohnehin nichts gesehen… Aber ich sehe gerade, die Uhr läuft schon, Pummela muß soeben gestartet sein – oder ist es Pannenmarie – oder gar eine der Pepple-Schwestern? Ah, da kommt schon die Schrifteinblendung: es ist Bernadutt! Wunderbar! Wunderbar, wie bei ihr wieder die Zeit vergeht!… Oh, da ist die Uhr stehengeblieben – aber sie ist ja nicht kaputt, sie zeigt nur die Zwischenzeit, wenn Sie bitte vergleichen wollen… macht doch Spaß, oder? Schon wieder so eine Klasse-Zwischenzeit zum Vergleichen! Doch die Uhr läuft wieder, es geht weiter… Das ist sensationell! Das ist Spitze! Weltklasse, wie auch bei diesem Lauf wieder die Zahlen über den Bildschirm huschen! Vor allem die Hundertstel – nicht zu schlagen! Toll: diese kleinen Zahlen, ganz allein auf dem großen Bildschirm… Aber was ist das? He, da fährt doch jemand auf Skiern mitten durchs Bild! Ist das eine Zeitlupe?… Nein, Gott sei Dank, nur ein Sturz… Dem Stil nach muß es Terrine gewesen sein – aber ich höre gerade über Kopfhörer, es war Schlawine… Was spielt das schon für eine Rolle, bei dieser Bombenzeit… Links unten übrigens die Zeit, die sie hätte laufen müssen, rechts oben ihr Stand im Gesamtweltcup, links oben das Datum von übermorgen und in der Mitte – das bin ich! Holladrio!

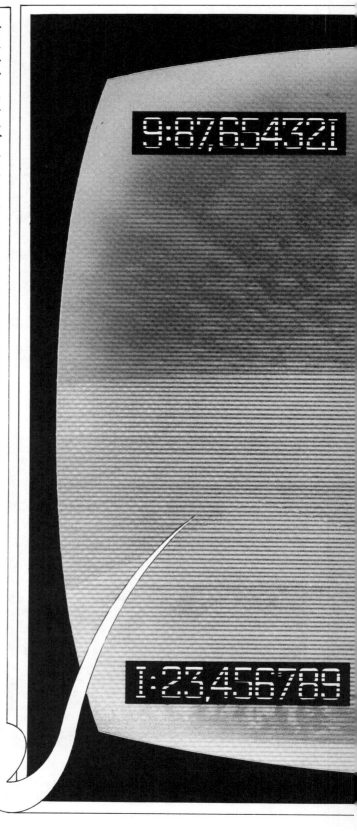

Stand im
Gesamtweltcup:

1. Pummela (ABC)
2. Pannenmarie (DEF)
3. Bernadett (GIJ)
4. Schlawine (KLM)
5. Angina (NOP)

Startnummer 13

187

Hallo, Dummis! Es gibt wieder was zu lernen!
Besonders für Einzelhändler!
In meinem stramm wissenschaftlichen Lehrgang behandle ich heute

Und da kommt auch schon der erste Kunde in den Laden, indes das Ladenglöcklein munter läutet.

- Ich hätte gerne eine Wurst.
- Ham wa nich.

Nein, so gehts nicht. Das war zwar inhaltlich richtig, aber unangemessen in der Form. Zu barsch, Sie Arsch! Das Kundengespräch muß freundlich, verständnisvoll und zuvorkommend geführt werden. So:

- Ich hätte gerne eine Wurst.
- Dürfte ich Sie bitten, sich zur Erfüllung Ihres Wunsches in die nächste Fleischerei zu verfügen? Dieses Geschäft hier nämlich hat der Herrgott in seiner grenzenlosen Güte zum Trikotagenhandel bestimmt.

Doch nicht jeder Kunde will eine Wurst. Diese Kundin hier will etwas ganz anderes:

- Ich hätte gerne eine Gurke.
- Ham wa auch nicht!

Nein! So nicht! So:

- Ich hätte gerne eine Gurke.
- Ja, wer hätte die nicht gerne, schöne Frau?! Grünes, längliches Gold – so nennt sie wohl der Dichter. Aber ob Ihnen noch eine wächst in Ihrem Alter, das zu bezweifeln nehme ich mir die Freiheit, Madame.

Konnten Sie mir folgen?
Haben Sie begriffen, worauf es ankommt?
Ja? Das wollen wir erstmal sehen!
Fertigmachen zur Zwischenprüfung!

Nur einer der beiden jungen Einzelhändler tritt seiner Kundschaft in erfolgversprechender Weise entgegen. Welcher?

Der?

Oder der?

Ham wa nich!

FALSCH

Bitte sehr! Bitte gern!

RICHTIG

Gratuliere! Sie haben die gewiß nicht einfache Zwischenprüfung mit Glanz und Gloria bestanden. Und nun schicken Sie mal schleunigst Gloria aus dem Zimmer – Sie wollen schließlich *Einzel*händler werden –, damit Sie sich in Ruhe dem Resttest widmen können.

„Einmal zweiter Klasse nach Bayreuth."

Falsch: Für einmal zweiter Klasse holen wir doch unseren Zug nicht aus der Garage.

Richtig: Aber, aber, Maestro – nehmen Sie doch zweimal erster Klasse, dann können Sie unterwegs noch ein wenig mit sich plaudern!

„Ich hätte gerne 100 Blatt Schreibmaschinenpapier."

Falsch: Für wen halten Sie sich eigentlich? Für Goethe?

Richtig: Oh – hinter Ihrem Wunsch verbirgt sich eine frohe Botschaft! Es gibt also Maschinen, die schreiben! Nun – auch wenn ich kein Analphabet bin wie Sie, so kann ich dennoch ermessen, wie nützlich Ihnen eine solche Erfindung sein muß!

„Ich glaube, diese Hose spannt ein wenig."

Falsch: Das kommt von Ihrem dicken Hintern, Sie Sack.

Richtig: Nun, ein gutes Beinkleid gleicht einem guten Kriminalroman. Beide bedürfen der Spannung, insonderheit hinten.

„Ich hätte gerne eine formschöne Brille."

Falsch: Wozu denn formschön? Sie sehn doch eh nix!

Richtig: Ich kann in Ihrem Wunsch nichts Unnatürliches sehen. Er wird häufig an mich herangetragen, und mein Rat ist stets der gleiche: KAUFEN SIE SICH DOCH EINE!

189

NULL NULL SIEBENS LETZTER AUFTRAG

Das Wort zur Taufe

Liebe Eltern,

neulich kam ein junges Ehepaar zu mir in die Pfarrei, ich glaube, ihr Name war Meier. Ja, Meier. Die wollten, daß ich ihren Neugeborenen auf den Namen „Sichere Hand" taufen sollte. „Warum ausgerechnet 'Sichere Hand'?" wollte ich natürlich wissen, denn der Vorname erschien mir ein wenig ungewöhnlich. „Wir möchten, daß der Junge einmal studiert", sagte der stolze Vater. „Arzt soll er werden", ergänzte die junge Mutter, „Chirurg". „Wieso ausgerechnet Chirurg?" wollte ich wieder wissen. „Weil Chirurgen so gebraucht werden", sagte der Vater. „Besonders in Indianerreservaten", ergänzte die Mutter, „da soll es doch großen Ärztemangel geben." Ich erinnerte mich auch, in Zeitungen große Farbberichte gesehen zu haben, auf denen Ärzte dort sehr eindrucksvoll mangelten. „Nicht wahr!" rief der Vater, „und als Dr. Sichere Hand hat unser Sohn doch bestimmt bessere Chancen bei den Rothäuten." – „So eine Art Vertrauensvorschuß", ergänzte die Mutter, „daß er auch an die Häuptlinge rankommt und nicht bloß an die einfachen Kassenindianer."

„Dr. Sichere Hand Meier, soso…" Ich tat, als überlegte ich noch, doch in Wahrheit wußte ich längst, was ich den Eltern erzählen wollte, um sie von diesem verwegenen Namen abzubringen. „Wissen Sie, liebe Meiers", begann ich, „als ich noch ein blutjunger Pfarrerlehrling in Emden war, da kam eines Tages auch so ein junges Ehepaar zu mir. Ich glaube, sie hießen Waalkes. Ja, Waalkes. Die wollten ihren Sohn unbedingt 'Ernst' oder gar nach einem Lieblingsgetränk väterlicherseits 'Bier-Ernst' nennen, denn ihr Sohn sollte einmal Bundespräsident werden."

„Wie aber, liebe Waalkes", gab ich ihnen zu bedenken, „wenn es Ihren Sohn nicht in die Politik oder zu ähnlich ernsthaften Geschäften zieht, sondern ins Schaugeschäft? Wenn er kein seriöser Mensch wird, sondern ein komischer, der andere Menschen zum La-

chen bringen möchte – sollte man ihn dann nicht eher 'Fidelio' oder nach einem vierbeinigen Freund meinerseits gar 'Mops-Fidelio' nennen?" Das wiederum gefiel den Eltern Waalkes weniger, und so einigten wir uns endlich auf den Namen „Otto".

Otto Waalkes – ich weiß nicht, was aus dem jungen Mann geworden ist. Bundespräsident scheint er jedenfalls nicht geworden zu sein. Denn das ist, wenn mein Gedächtnis mich nicht täuscht, unser geliebter Richard von Weizenbier.

Otto W. (18):

**Früher hatte ich
große Probleme
mit kleinen
Pickeln...**

**...heute habe ich kleine Probleme
mit großen Pickeln. Dank**

Ihr Kinderlein kommet

Ich möchte Ihnen etwas schenken: mein Vertrauen. Natürlich nur, wenn Sie mir etwas dafür leihen: Ihre Aufmerksamkeit.

Denn ich will Ihnen etwas machen: ein Geständnis. Ich liebe Kinder und ich habe mir oft überlegt, ob ich mir auch eins zulegen sollte. Einen Sohn, der mich im Alter hegt und pflegt, verehrt und versorgt, liebt und lobt. Ich habe mir daraufhin verschiedene Kinder genau angesehen.

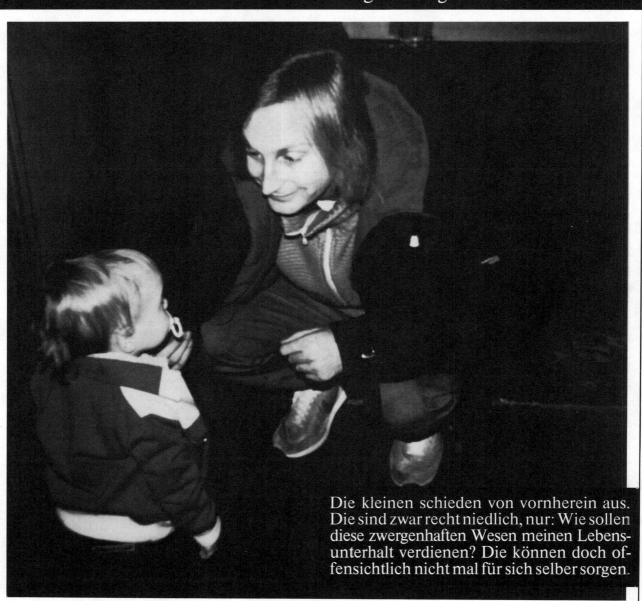

Die kleinen schieden von vornherein aus. Die sind zwar recht niedlich, nur: Wie sollen diese zwergenhaften Wesen meinen Lebensunterhalt verdienen? Die können doch offensichtlich nicht mal für sich selber sorgen.

Außerdem muß man vorher die Mutter fragen, wenn man so ein Schrumpfwesen haben will – und mit Müttern habe ich schlechte Erfahrungen gemacht: „Gnädige Frau, werfen Sie doch Ihr häßliches Kind weg, ich mach Ihnen ein neues, viel schöneres" – mit diesen Worten versuchte ich es bei meiner alten Freundin Ingrid. Ohne Erfolg, denn die Gute hing nun mal an ihrem Karlchen.

Doch auf dem „Ball der einsamen Väter" hatte ich mehr Glück. Eine schöne Unbekannte war sofort bereit, mir ihren Hans-Jürgen als Adoptivsohn zu überlassen. Im ersten Moment war ich selig.

Als ich aber den Bub näher kennenlernte, ging mir ein Kronleuchter auf.
„Hallo, Vati", begrüßte er mich, „Mutti hat dir sicher gesagt, daß ich 10000 Mark Taschengeld im Monat kriege. Und da sie mit den Zahlungen seit drei Monaten im Rückstand ist, bekomme ich von dir 50000 Mark." Ach, du Schande! Kopfrechnen oberschwach! Wie sollte *der* mich im Alter ernähren? Ich mußte ihn sofort wieder los werden.

„Hallo Opa", sprach ich listig einen Ballgast in schlohweißem Anzug an, „Sie sehen mir ganz so aus, als ob Sie einen guterhaltenen Sohn als Stütze Ihres Alters bestens gebrauchen könnten." Ich ließ ihm keine Zeit, zu überlegen.

„Hans-Jürgen", rief ich, "das ist dein neuer Vati!" Und: „Rudi", sagte ich, „sei gut zu dem Jungen, er kriegt nämlich noch 50000 Mark Taschengeld."

Warum der frischgebackene Vater dann ausgerechnet mich umarmte, ist mir bis heute ein Rätsel. Versteh' einer diese Holländer!

Ich aber suchte weiter und wandte mich an einen deutschen Jungen, der mir merkwürdig bekannt vorkam.

„Du bist doch der Dieter, dich kenn ich doch vom Fernsehen, da verdienst du doch sicher eine Menge Geld" – betont harmlos begann ich mein Adoptionsgespräch.

Dieter nickte stumm.

„Gut, dann nehme ich dich zum Sohn, und du darfst mich dafür mit viel Geld und vielen schönen, scharfen und schnellen Geschichten unterhalten. Magst du das, Dieterle?"

„Weiß nicht. Bin so maulf."

„Maulf?" fragte ich verwundert.

„Er meint 'Maulfaul'", erklärte mir seine Mutter, „doch so lange Wörter mag mein Dieter nicht sagen."

Nun – damit war Dieter für mich als Sohn natürlich gestorben.

„Auf Wiedersehn, Dieter!"

„Dieter, sag dem Onkel auf Wiedersehn!" drängte seine Mutter, doch alles, was Dieter hervorbrachte, war ein mürrisches „Aufw."

Nein, mein Sohn sollte ein ganz anderer Typ sein. Mehr so wie Friedrich: wendig, witzig, wohlgekleidet, kurz, ein Ebenbild seines Vaters.

„Fritz, ich möchte dich gern adoptieren", sagte ich ihm frei heraus.

„Otto, ich laß mich nicht adoptieren, ich laß mich ja nicht einmal adopmenschen", entgegnete er mir frei herein. Vorlaut, frech und voller Widerworte – nur gut, daß ich diesen Lauser rechtzeitig durchschaut hatte!

Bengels hatte ich genug. Doch da sah ich ihn: Gerd, den Traum aller kinderlosen Väter, würdig, welterfahren, wohlsituiert.

„Gerd, ich mache dir einen wundervollen Vorschlag: du könntest mein Sohn sein!" sagte ich.

„Aber mein Junge", entgegnete er, „ich könnte doch dein Vater sein!"

Was redete er? Ich kannte doch meinen Vater. Und der heißt ganz anders. Karl, oder so ähnlich. Auf jeden Fall nichts mit „e". Tja – die plötzliche Freude über mein unerwartetes Angebot hatte Gerd offenbar um den Verstand gebracht. Kein Sohn für mich – ein Wahnsinniger in der Familie reicht schließlich.

Allmählich reichte es mir. Von den anspruchsvollen, einsilbigen und altklugen

Denn so ganz klar war ich in dieser rauschenden Ballnacht wohl auch nicht. Was ich da noch alles zusammenadoptiert habe – Vater, Vater!

Und was habe ich nun? Nichts als Ärger. Ich sage nur: Kindergeburtstage. Wenn ich einem was schenke, wollen alle anderen natürlich genau das gleiche. Und ich immer vorne weg. Das geht ins Geld! Aber dafür hat mein Leben jetzt einen neuen Unsinn bekommen. Und das ist schließlich auch was wert.

Liebe Leser,
wenn Sie diese Zeilen lesen, bin ich nicht mehr.
Jedenfalls nicht mehr in diesem Buch. Denn
mit diesen Zeilen endet dieses Buch.
Verlassen Sie es bitte so, wie Sie es vorgefunden
haben. Ich muß Sie darauf hinweisen, daß ich die
Zeilen dieses Buches durchlaufend numeriert
habe und jede Entnahme unverzüglich zur An-
zeige bringen werde. Ja, so einer bin ich.
Ich kann mir allerdings nicht vorstellen, daß
sich unter Ihnen ein solcher
Ausreißer befinden sollte.
Und bitte vergessen Sie nicht:
Der letzte macht das Buch zu.

Vielen Dank sagt Ihnen Ihr
Otto Waalkes

Ende!

Raus!

Sie sind ja immer noch da!

Inhaltsverzeichnis

Einen hab' ich noch!

— Platten, die ich gerne machen würde: —

ZAUBER DER BOCKFLÖTE

Otto spielt die schönsten deutschen Ziegenlieder – auf dem Panferkel begleitet von Schorsch Kefir

Otto fröhliche!

Otto pfeift auf die bekanntesten deutschen Weihnachtslieder

AUS DEM INHALT: Kleine Ziege, flieg nach Helgoland / Junge, komm bald widder / Wenn abends die Herde träumt / Ich tanze mit dir in den Hammel hinein / Schaf, Kindchen, schaf und viele andere.

AUS DEM INHALT: Schrille Nacht, eilige Nacht / Es ist ein Roß entsprungen / Einmal werden wir noch schwach / Borgen, Kinder, nur nichts geben / Leise! Der Schnee rieselt / I'm screaming of a white Christmas und viele andere.

Hilfe, die Musi kommt

Otto Absahnik und die Original Oberkellner servieren die geschmackvollsten deutschen Volkslieder

Wahre Kenner aber kaufen:

Die lautesten Trompeten-Konzerte der Welt vol. I

AUS DEM INHALT: Müsli denn, müsli denn zum Städtele hinaus / Der Mund ist aufgegangen / So ein Quark, so wunderschön wie heute / Entchen von Tharau / Und dann geht's Rumpsteak, Rumpsteak, Rumpsteak tätärää / Es war ein König von Thunfisch / Ein Jägerschnitzel aus Kurpfalz und viele andere.

Platten, die ich heute nicht mehr machen würde (weil ich sie nämlich schon gemacht habe).

SPR 0100

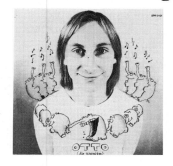

SPR 0101

SPR 0102

SPR 0103

SPR 0104

SPR 0105

SPR 0106

SPR 0107

SPR 0108

SPR 0109

im Vertrieb der EMI Electrola

Fotos:
Rolf Ambor, Hans-Peter Bartling, Gloria Becker, Peter Bischoff, Manuela Ebelt, Foto Ekkenga,
Werner Elsner, Friedhelm von Estorff, W.-H. Groeneveld, Hans G. Lehmann, Till Landsmann,
Monika König, Egon Krall, Winfried Rabanus, Jan Rieckhoff, Roland Rücker-Emben,
Hans-W. Saalfeld, Oda Sternberg, Adele und Karl Waalkes u. a.

CIP-Kurztitelaufnahme der Deutschen Bibliothek

Waalkes, Otto:
Das zweite Buch Otto / Otto Waalkes.
Hrsg. von Bernd Eilert . . . – Sonderausgabe, 1. Auflage 1987 –
Hamburg; Zürich: Rasch und Röhring, 1987.
ISBN 3-89136-165-3

Sonderausgabe, 1. Auflage 1987
Copyright © 1984 by Rasch und Röhring Verlag, Hamburg
Satzherstellung: Fotosatz Richter, Frankfurt
Lithographie: Albert Bauer KG, Hamburg
Foto Print Janke, Frankfurt
Druck: Fritz Busche Druckereigesellschaft mbH., Dortmund
Bindearbeiten: Richard Dohse & Sohn, Bielefeld
Printed in Germany